AF370535

Pedro Calderón de la Barca

Los cabellos de Absalón

Barcelona **2024**
Linkgua-ediciones.com

Créditos

Título original: Los cabellos de Absalón.

© 2024, Red ediciones S.L.

e-mail: info@Linkgua-ediciones.com

Diseño de cubierta: Michel Mallard.

ISBN tapa dura: 978-84-1126-275-0.
ISBN rústica: 978-84-9816-447-3.
ISBN ebook: 978-84-9953-310-0.

Sumario

Brevísima presentación

La vida

Pedro Calderón de la Barca (Madrid, 1600-Madrid, 1681). España.

Su padre era noble y escribano en el consejo de hacienda del rey. Se educó en el colegio imperial de los jesuitas y más tarde entró en las universidades de Alcalá y Salamanca, aunque no se sabe si llegó a graduarse.

Tuvo una juventud turbulenta. Incluso se le acusa de la muerte de algunos de sus enemigos. En 1621 se negó a ser sacerdote, y poco después, en 1623, empezó a escribir y estrenar obras de teatro. Escribió más de ciento veinte, otra docena larga en colaboración y alrededor de setenta autos sacramentales. Sus primeros estrenos fueron en corrales.

Lope de Vega elogió sus obras, pero en 1629 dejaron de ser amigos tras un extraño incidente: un hermano de Calderón fue agredido y, éste al perseguir al atacante, entró en un convento donde vivía como monja la hija de Lope. Nadie sabe qué pasó.

Entre 1635 y 1637, Calderón de la Barca fue nombrado caballero de la Orden de Santiago. Por entonces publicó veinticuatro comedias en dos volúmenes y La vida es sueño (1636), su obra más célebre. En la década siguiente vivió en Cataluña y, entre 1640 y 1642, combatió con las tropas castellanas. Sin embargo, su salud se quebrantó y abandonó la vida militar. Entre 1647 y 1649 la muerte de la reina y después la del príncipe heredero provocaron el cierre de los teatros, por lo que Calderón tuvo que limitarse a escribir autos sacramentales.

Calderón murió mientras trabajaba en una comedia dedicada a la reina María Luisa, mujer de Carlos II el Hechizado. Su hermano José, hombre pendenciero, fue uno de sus editores más fieles.

Personajes

Salomón
El reyDavid
Joab
Absalón
Adonías
Amón
Jonadab
Tamar
Aquitofel
Eliazar
Semey
Ensay
Pastores

Jornada primera

(Tocan cajas, sale David por una puerta, y por la otra Absalón, Salomón, Tamar
y Aquitofel.)

Salomón   Vuelva felicemente,
            de laurel coronada la alta frente,
            el campeón israelita,
            azote del sacrílego moabita.

Adonías   Ciña su blanca nieve   5
            de la rama inmortal círculo breve,
            [el] defensor de Dios y su ley pía,
            horror de la gentil idolatría.

Absalón   Himnos la fama cante
            con labio de metal, voz de diamante,   10
            de Jehová al real caudillo,
            de Filistín al trágico cuchillo.

Tamar   Hoy de Jerusalén las hijas bellas,
            coronadas de flores y de estrellas,
            entonen otra vez con mayor gloria   15
            del Goliat segundo la victoria.

David   Queridas prendas mías,
            báculos vivos de mis luengos días,
            dadme todos los brazos.

(Abraza David primero a Salomón, después a Absalón, después a Adonías y a
Tamar.)

            Renuévese mi edad entre los lazos   20
            de dichas tan amadas,

¡Ay dulces prendas, por mí bien halladas!
Adonías valiente,
llega, llega otra vez. Y tú, prudente
Salomón, otra vez toca mi pecho,   25
en amorosas lágrimas deshecho.
Bellísimo Absalón, vuelve mil veces
a repetirme el gusto que me ofreces
en tan alegre día.
Y tú no te retires, Tamar mía   30
que he dejado el postrero
tu abrazo, ¡ay mi Tamar!, porque no quiero
que el corazón en gloria tan precisa,
viendo que otro le espera, me dé prisa.
A Rabatá, murada y guarnecida   35
ciudad del fiero Amón, dejo vencida,
sus muros excelentes
demolidos, sus torres eminentes
deshechas y postradas,
y sus calles en púrpura bañadas: 40
gracias primeramente
al gran Dios de Israel, luego al valiente
Joab, general mío,
de cuyo esfuerzo mis aplausos fío.

Joab   Honras, señor, tu hechura.   45

Aquitofel (Aparte.)   ¡Infelice el que sirve sin ventura,
                       pues habiendo yo sido leal soldado,
                       no fui de una razón galardonado!

David   Mas con haber tenido
                       tan singular victoria, no lo ha sido   50
                       sino el volver a veros;
                       si bien tantos contentos lisonjeros

confunden su alegría,
considerando que el felice día
que vengo victorioso,   55
que entro por el alcázar suntuoso
de Sión, que salís con ansias tales
todos a recibirme a sus umbrales,
en ocasión tan alta,
Amón no más de entre vosotros falta;   60
Amón, mi hijo mayor y mi heredero,
a quien como mayor estimo y quiero.
¿Qué es la causa, Adonías,
de que él no aumente las venturas mías?

Adonías   Yo, señor, no sé nada   65

David   Salomón, una pena imaginada
               es más que acontecida.
               ¿Qué ha sucedido a Amón? Di, por tu vida.

Salomón   Absalón lo dirá: yo no he sabido
               que pueda haberle nada sucedido.   70

Absalón   Ni yo lo sé tampoco.

David   En vuestra suspensión mis penas toco.
               Tamar, ¿qué hay de tu hermano?

Tamar   A mí, señor, pregúntasmelo en vano;
               que, en mi cuarto encerrada,   75
               vivo aún de los acasos ignorada.

David   ¿No hay quien de Amón me diga?

Aquitofel   Sí, señor. Criado soy, amor me obliga

a que nada te calle,
aunque razones el discurso halle   80
para no dar avisos de una pena,
a cuyo fin se excusan todos; llena
de otra razón el alma,
no quiero recatarte aquesta calma,
porque a ignorado mal no se da medio,   85
y sabido, se trata del remedio.
Amón, tu hijo, señor, ha muchos días
que ha dado en padecer melancolías
y tristezas tan fuertes,
que por no ser capaz de muchas muertes,   90
enfado de la luz del Sol recibe,
con que entre sombras vive,
y aún está sin abrir una ventana,
ni ver la luz hermosa y soberana.
Tanto Amón se aborrece,   95
que el natural sustento no apetece:
ningún médico quiere
que le entre a ver; y, en fin, Amón se muere
de una grave tristeza,
pensión que trae la Naturaleza.   100

David   Aunque nazca la nueva que me has dado
de lealtad, te la hubiera perdonado,
Aquitofel, porque es tan mal contento
el disgusto, el pesar, el sentimiento,
que lo mismo que quiso   105
saber, oyendo tan pesado aviso,
saberlo no quisiera,
porque lo supo ya; que es de manera
desconversable el mal de un afligido,
que ignorado y sabido,   110
da siempre igual cuidado:

pues siempre es mal, sabido o ignorado.
Entrar, ¡ay Dios!, a descansar no quiero
en mi cuarto primero
que en el de Amón: venid todos conmigo.   115
Ingrato soy, Señor, ingrato, digo,
al grande favor vuestro:
bien en mis sentimientos hoy lo muestro,
pues cuatro hijos que veo
con salud, no divierten mi deseo   120
tanto como le aflige y atormenta
uno sin ella. ¡Oh ingrata y descontenta
condición que tenemos
los humanos, haciendo siempre extremos!

Absalón   Este es de Amón el cuarto; ya has llegado   125
                 más del afecto que del pie guiado.

David   Abrid aquesta puerta.

Joab   Ya, señor, está abierta
                 y al resplandor escaso que por ella
                 nos comunica la mayor estrella,   130
                 al príncipe se mira,
                 sentado en una silla.

(Corriendo una cortina, se descubre Amón sentado en una silla arrimada a un
bufete, y de la otra parte estabará Jonadab.)

Tamar   ¿A quién no admira
                 verle tan divertido
                 en sus penas, que aún no nos ha sentido?

David   ¡Amón!

Amón   ¿Quién me llama?

David   Yo.   135

Amón   ¡Señor!, pues ¿tú aquí?

David   ¿Tan poco
                 gusto te deben mis dichas,
                 mi amor y afecto tan corto,
                 que no llegas a mis brazos?
                 Pues yo, aunque tú riguroso   140
                 me recibas, llegaré,
                 hijo, a los tuyos. Pues ¿cómo,
                 empezando en mí el cariño,
                 aún no obra en ti el alborozo?
                 ¿Qué tienes, Amón? ¿Qué es esto?   145
                 Que aunque tus tristezas oigo,
                 pensé que al verme templaras
                 de su violencia el enojo.
                 ¿Aún parabién no me das,
                 cuando vuelvo victorioso   150
                 a Jerusalén? ¿Mis triunfos
                 aún no vencen tus enojos?
                 Un príncipe que heredero
                 es de Israel, cuyo heroico
                 valor resistir debiera   155
                 constante, osado y brioso
                 los ceños de la fortuna
                 y del hado los oprobios,
                 ¿tanto a una pasión se rinde,
                 tanto a una pena que absorto,   160
                 confuso, triste, afligido,
                 no les permite a sus ojos
                 la luz del día, negando

la entrada a sus rayos de oro?
¿Qué es esto, Amón? Si de causa   165
nace tu pena, no ignoro
que podré vencerla yo:
tuyo es mi imperio todo,
dispón de a tu albedrío,
desde un polo al otro polo.   170
Y si de no nace causa
conocida, sino solo
de la natural pensión
deste nuestro humano polvo,
aliéntate; imperio tiene   175
el hombre sobre sí propio,
y los esfuerzos humanos,
llamado uno, vienen todos.
No te rindas a ti mismo,
no te avasalles medroso   180
a tu misma condición:
mira que el pesar es monstruo
que come vidas humanas
alimentadas del ocio.
Sal deste cuarto, o pues vienen   185
a él tus hermanos todos
hoy conmigo, habla con ellos.
Llegad, pues, llegad vosotros,
ya que las ternezas mías
pueden con Amón tan poco.   190

Adonías   Príncipe...

Absalón   Hermano...

Salomón   Señor...

Tamar	Amón...
Amón (Aparte.)	A esta voz respondo
Tamar	¿Qué tienes?
Salomón	¿Qué sientes?
Absalón	¿Qué te aflige?
Adonías	¿Qué te da asombro?
David	¿Qué apeteces?
Todos	¿Qué deseas?

195

Amón   Solo que me dejéis solo.

David   Si en eso no más estriban
tus deseos rigurosos,
vamos de aquí.

(Aparte.)   (Por volver
a hablarle a solas, lo otorgo;   200
que quizá no se declara
por estar delante todos.)

(Alto.)   Venid. Ya solo te quedas.
¡Ay infeliz, qué de gozos,
qué de gustos, qué de dichas   205
desazona un pesar solo!

(Vase.)

Joab   ¡Qué extraña melancolía!

(Vase.)

Aquitofel   ¡Qué silencio tan impropio!

(Vase.)

Adonías   ¡Qué violencia tan cruel!

(Vase.)

Salomón   ¡Qué afecto tan poderoso!   210

(Vase.)

Tamar   Saben los cielos, Amón,
              cuánto tus tristezas lloro.

Absalón   Yo, no.

Tamar   Absalón, ¿eso dices?

Absalón   Sí, que es heredero heroico
              de David; y si él se muere,   215
              quedo yo más cerca al solio;
              que a quien aspira a reinar
              cada hermano es un estorbo.

Tamar   Aunque su muerte sintiera,
              me holgara verte en su trono;   220
              que, en efecto, tú y yo hermanos
              de padre y de madre somos.

(Vanse y quedan solos Amón y Jonadab.)

Amón   Jonadab, ¿fuéronse ya?

Jonadab   Sí, señor, unos tras otros,
                    como suelen los dineros   225
                    de quien gasta poco a poco,
                    que piensa que no hace mella
                    ahora un real y luego otro;
                    y cuando menos se cata,
                    halla el talego más gordo   230
                    hecho esqueleto de anjeo.

Amón   Pues salte fuera tú y todo.

Jonadab   ¿Ya te olvidas de que tu
                    valido soy?

Amón   No lo ignoro,
                    que eres tú solo quien tiene   235
                    licencia entre mis dudosos
                    discursos para asistirme;
                    pero quiero quedar solo.

Jonadab   Yo lo haré de buena gana;
                    que no es rato muy gustoso   240
                    el de un amo, cuando está
                    saturnino e hipocondrio;
                    pero antes que me vaya,
                    he de preguntarte: ¿cómo
                    a tu padre y tus hermanos   245
                    respondiste de aquel modo?
                    ¿Es posible que ninguno
                    merezca de tus penosos
                    males saber la ocasión?

Amón   No. Si yo propio a mí propio   250
me la pudiera negar,
la negara, cuando noto
que yo mismo de mí mismo
me avergüenzo si la nombro.
Es tal, que aun de mi silencio   255
vivo tal vez temeroso,
porque me han dicho que saben
con silencio hablar los ojos.
Tan en lo más retirado
del pecho la causa pongo   260
de mi pena, que tal vez
al corazón se la escondió,
porque el corazón no pueda,
sobresaltado al asombro
de reconocerla, dar   265
un golpe más recio que otro.
Tan en lo más escondido
de la vida le aprisiono,
que aun este soplo que entra
a dar vitales despojos,   270
no sabe della, porque
no pueda el aire curioso
decir por lo destemplado
de algún suspiro que arrojo:
«Este sabe de la causa,   275
pues sale ardiendo este soplo».
En fin, está mi dolor
tan atado en lo más hondo
del alma, que el alma misma,
alcalde del calabozo,   280
no sabe el preso que guarda,
con ser su consejo propio.

Jonadab	Sin duda eres sodomita,
	que yo otra causa no toco
	que a tanto silencio obligue.

285

| Amón | ¿Que siempre hayas de ser loco? |

| Jonadab | No está en mi mano el ser cuerdo. |

(Dentro, ruido.)

| Amón | ¿Qué pasos son los que oigo? |

Jonadab	Tamar, tu hermana, que habiendo
	dejado en su suntuoso
	cuarto a David, vuelve al suyo
	por ese corredor.

290

Amón (Aparte.)	(¿Cómo,
	calladas pasiones mías,
	a esta ocasión me reporto?)
	Pero ha de ser, ¡ah, deseo!,
	que aun a solo ver su rostro
	no he de salir a la puerta.
	Mas, ¡ay!, que en vano me opongo
	de mi estrella a los influjos;
	pues cuando digo animoso
	que no he de salir a verla,
	es cuando a verla me pongo.
	¿Qué es esto, cielos? ¿Yo mismo
	el daño no reconozco?
	¿Pues cómo al daño me entrego?
	¿Vive en mí más que yo propio?
	No. ¿Pues cómo manda en mí,

295

300

305

con tan gran imperio otro,
que me lleva donde yo
ir no quiero?

Jonadab   O soy un tonto,   310
o anda por aquí...

Amón   ¿Qué miras?

Jonadab   Tengo aquí que hacer un poco.

Amón   ¿No te he dicho que te vayas?

Jonadab   Sí, señor, mas por lo propio
no lo he hecho yo.

Amón   Entrate allá.   315

Jonadab (Aparte.)   (En esta puerta me pongo.
Por eso dijo uno que
galanes los criados somos,
pues el más sucio criado
no deja de ser curioso.)   320

(Escóndese.)

Amón   Desde aquí veré a Tamar;
que no he de ser tan medroso,
que he de pensar que en efecto
se haya de salir con todo.
Y aun porque vean mis penas   325
como las lidio y propongo,
la he de ver y la he de hablar;
que no es valiente ni heroico

corazón que, antes del riesgo,
se apellidó victorioso.   330

(Sale Tamar.)

¡Oh bellísima Tamar!

Tamar   No entréis conmigo vosotros;
               esperad en esta puerta.

(A Amón.)

               ¡Cuánto estimo, cuando torno
               a mi cuarto, cuando queda   335
               con mi padre el reino todo,
               que me hayas, Amón, llamado!
               Que yo, aunque con amoroso
               pecho siento tus tristezas,
               no entrara, porque conozco   340
               que cualquiera compañía
               le sirve a un triste de estorbo.
               Mas ya que aquesta ocasión
               te he debido, cuando oigo
               mi nombre, Amón, en tus labios,   345
               mal haré si no la logro,
               suplicándote merezca
               ser yo quien del riguroso
               dolor que te aflige, llegue
               a oír la causa; que no poco   350
               alivia el mal quien le cuenta
               con satisfacción a otro
               de que ha de sentirle; y puesto
               que yo a feriar me dispongo
               a mis lágrimas tus voces,   355

mi fe es fiadora de abono.
Hagan su oficio tus labios,
harán el suyo mis ojos.
Vea yo como tú sientes,
verás tú como yo lloro.   360

Amón   Si yo, divina Tamar,
mi pena decir pudiera;
si capaz de mi voz fuera
el pesar de mi pesar;
si me pudiera explicar,   365
solamente a ti (iay de mí!),
lo dijera; y siendo así,
que a ti te lo callo, cree
que a nadie se lo diré,
pues no te lo digo a ti.   370
    Aunque es tan grande y tan rara
pena, y tanto se acrisola,
que a ti la dijera sola,
y a ti sola la callara:
la contrariedad repara   375
de mis ansias, pues aquí,
siendo tú sola iay de mí!
quien no sabe esta quimera,
a cualquiera lo dijera,
por no decírtela a ti.   380

Tamar   Si una misma razón halla
en tu pena al padecella,
por quien yo debo sabella,
ya me ofende quien la calla.
La curiosidad batalla   385
en la parte del poder
saberla; y que soy mujer

advierte, y he de insistir
por saberla, y la he de oír,
pues no la puedo saber.   390

Amón   Ya que ese empeño me obliga,
sin que salida le halle,
por mi parte a que lo calle,
por la tuya a que lo diga;
sin que en mí se contradiga   395
el hablar y enmudecer,
te tengo de obedecer.
Oye... Mas has de advertir,
que yo te la he de decir,
y tú no la has de saber.   400
    Yo amo, Tamar; mi dolor
amor imposible es:
¡mira si es bien grande, pues
es imposible y amor!

Tamar   Ya es mi confusión mayor.   405
¡Dí de quien! Que aunque me den
cuenta tus voces, no bien
se explican.

Amón   ¡Ay Tamar mía!
Yo te dije que diría
por qué muero, no por quién.   410

Tamar   Yo lo pregunto admirada
de que haya quien, querida
de ti, no esté agradecida,
cuando no esté enamorada.

Amón   No es ella, no, la culpada;   415

24

que aunque yo por ella muero,
no sabe ella que la quiero,
ni lo ha de saber jamás.

Tamar   ¿Por qué?

Amón   Porque estimo más
lo que amo que lo que espero.   420
   Fuera de que tanto ha sido
el temor que la he cobrado,
que aventuro el verme amado,
por no verme aborrecido.
Y así, callar he querido,   425
porque sé que he de ofendella.
Máteme, Tamar, mi estrella,
y su sufrimiento no;
que más quiero morir yo,
que ser la ofendida ella.   430

Tamar   Pues, ¿por qué se ha de ofender
de verse de ti querida,
si la más desvanecida
mujer, en fin es mujer?
Bien podrá no agradecer,   435
de su honor haciendo alarde;
sentir, no. No te acobarde
nada, que del más tirano
desdén se queja temprano
el que se declara tarde.   440
   Declárate, pues.

Amón   No puedo.

Tamar   ¿Por qué?

Amón   Porque temo y dudo.

Tamar   Dí tu dolor.

Amón   Estoy mudo.

Tamar   Sepa tu mal.

Amón   Tengo miedo.

Tamar   Habla.

Amón   Absorto al hablar quedo.   445

Tamar   Escríbela.

Amón   Es ofendella.

Tamar   Hazla seña.

Amón   Tiemblo al vella.

Tamar   ¿Es más que una mujer?

Amón   Sí.

Tamar   Pues quéjate, Amón, de ti.

Amón   No haré sino de mi estrella,   450
                cuyo influjo es tan severo,
              que a morir, Tamar, me obliga
              antes que a mi dama diga:
              tú eres el dueño que quiero,

tú la gloria por quien muero,   455
tú la causa por quien lloro,
tú a quien explicarme ignoro,
tú la deidad a que aspiro,
tú la belleza que admiro,
tú la hermosura que adoro.   460
  Compadécete de mí,
hermoso imposible, pues
tan rendido a ti me ves
que me ves morir por ti.

Tamar   Basta, no más; que si aquí   465
te di ese consejo, fue
solo animándote a que
lo digas a ella, a mí, no.

Amón   ¿Pues acaso he dicho yo
más de que no [le] diré?   470
  Si bien tu consejo puedo
decirte que me ha alentado
tanto, que ya me ha quitado
la primer parte del miedo:
y pues olvidado quedo   475
con el examen que toco,
porque vaya poco a poco
perdiendo el miedo al hablar,
(que engaños han de curar
la imaginación de un loco),   480
  deja, Tamar, que prosiga
este ensayo a mi dolor,
porque lo sepa mejor
cuando a mi bien se lo diga.

Tamar   Tanto tu pena me obliga,   485

que, si así aliviarla espero,
seguirte la tema quiero,
por si algún descanso adquieres.

Amón   Pues haz cuenta que tú eres
la hermosa por quien me muero,   490
   para ver si a su desdén
sabré declararme yo.

Tamar   Yo haré mi papel, mas no
sé si lo sabré muy bien.

Amón   Hermoso imposible a quien,   495
desde que en un jardín ví,
la vida y alma rendí
que ahora de nuevo te ofrezco,
si bien lo que yo aborrezco,
no es dádiva para ti.   500
   Deste atrevimiento mío
no tengo la culpa yo,
porque, en mí solo nació
esclavo el libre albedrío.
No sé qué planeta impío   505
pudo reinar aquel día,
que aunque otras veces había
tu beldad visto, aquél fue
el primero que te amé,
bellísima Tamar mía.   510
   Mas ¿qué he dicho?

Tamar   Tente, espera;
mira que yo haciendo estoy
la dama y Tamar no soy.

Amón   Dices bien; mas de manera
        labios y ojos en la fiera   515
        aprensión de mis enojos
        confundieron los despojos,
        que, equívocamente sabios,
        se arrebataron los labios
        en lo que vieron los ojos.   520

Tamar   Pues, siendo así, dese error
        ojos y labios absuelvo,
        y al pasado engaño vuelvo.
        Amón, príncipe, señor,
        aunque yo de vuestro amor   525
        vivo muy desvanecida,
        el ser quien soy os impida
        tan alto empeño, porque
        si así habláis, no volveré
        a escucharos en mi vida   530

Amón   ¿Eso me respondes?

Tamar   Sí.
        Mas ¿de qué te afliges, pues
        esto fingimiento es?

Amón   Pues si es fingimiento, dí,
        ¿para qué me hablaste así?   535
        ¿Qué te importaba, Tamar,
        alguna esperanza dar
        a rendimiento tan justo?
        ¿Tenía más costa un gusto
        de fingir, que no un pesar?   540

Tamar   No, pero de la manera

que tus labios y tus ojos
confundieron tus enojos,
persuadiéndote a que era
yo tu dama, considera 545
que en mí también confundidos
al oírte mis sentidos,
se equivocaron más sabios,
respondiéndote mis labios
a lo que oyen mis oídos. 550
    Y así, pues que ser no puede
de efecto alguno este engaño,
pues vemos que en él el daño
por limitarse, se excede,
en este estado se quede; 555
que no es fácil de engañar,
Amón, placer ni pesar.
Ame tu pecho a quien ama,
que Tamar no ha de hacer dama
que no hable como Tamar. 560

(Vase.)

Amón   ¿Quién mayor desdicha vio?
¿Que aun la piedad de un engaño
se convierta en mayor daño
que el que la verdad me dio?
¿Quién me aconsejará?

(Sale Jonadab.)

Jonadab   Yo, 565
cuya curiosidad ciega
hoy a haber sabido llega
cuál es tu mal, y por quién;

que al fin ve lo mismo quien
mira jugar que el que juega.   570

Amón   ¿Luego tú ya has entendido
            la causa de mi pasión?

Jonadab   Sí, señor; que no hay mirón
            que antes tahur no haya sido.

Amón   Pues un consejo te pido   575

Jonadab   Aunque es opinión extraña
            que ha menester el que engaña
            más maña que fuerza, error
            en amor es, porque amor
            más quiere fuerza que maña.   580

Amón   Mi media hermana es Tamar.

Jonadab   Yo digo lo que yo hiciera,
            si fuera mi hermana entera,
            llegado a encolerizar.

Amón   ¿Cómo la he de asegurar?   585
            Que ya Tamar cosa es clara
            que no vuelva aquí.

Jonadab   Una rara
            industria tu amor prevenga
            para forzarla a que venga,
            y, viéndola aquí...

Amón   Repara   590
            en que mi padre se ha entrado

en el cuarto.

Jonadab   Pues no hablemos
desto más.

Amón   No hay para qué,
pues ya a todo estoy resuelto,
porque piden mis desdichas   595
a gran daño, gran remedio.

(Sale David.)

David   Por haber estado, Amón,
embarazado del pueblo,
que con prolijas lealtades
vino al parabién, no he vuelto   600
a verte antes.

Amón   Yo, señor,
la fineza te agradezco.

David   Pues págamela con otra,
que es no negarme un consuelo
que vengo a pedirte.

Amón   Siempre   605
rendido estoy y sujeto
a tu obediencia.

David   Pues sepa
de qué nacen los extremos
que te afligen.

Jonadab   Yo, señor,

te lo diré.

Amón   Calla, necio.   610
            Melancolía y tristeza
            los físicos dividieron,
            en que la tristeza es
            causa de algún mal suceso;
            pero la melancolía,   615
            de natural sentimiento:
            y así, no podré decirlo.

David   ¿De qué nace el padecerlo,
            cuando sea así? ¿A qué mal
            no se aplica algún remedio?   620

Amón   Ya me aplico yo el mejor.

David   ¿Cuál es?

Amón   Sentir como siento.

David   Ese no es remedio, antes
            es dar al mal más esfuerzos.

Amón   Pues, ¿qué puedo hacer?

David   Buscar   625
            alegres divertimientos.

Jonadab   De uno le decía yo ahora,
            harto alegre.

Amón   Ya está bueno:
            todos cansan más que alivian,

porque como yo no tengo   630
gusto, se me vuelven todos
en más pena, porque es cierto
que en el humor que domina
se convierte el alimento.

David   Aunque en metáfora sea   635
eso que has dicho, yo quiero
ya que de alimentos hablas,
materialmente entenderlo.
¿No es de desesperación
especie, que un hombre cuerdo   640
aun este humano tributo
se niegue a sí?

Jonadab   Sí por cierto.
Yo, que coma, y aun de todo,
le estaba ahora diciendo.
Pero no me entiende.

Amón   En nada   645
hallo sazón, y por eso,
o porque es conservación
de la vida, [lo] aborrezco.

David   Pues una cosa por mí
has de hacer.

Amón   Yo te la ofrezco,   650

David   ¿Qué regalo será, Amón,
más de tu gusto? Que quiero
yo cuidar del, y deberte
el que le admitas.

Amón   No pienso
             que tendré en eso elección,   655
             porque ninguno apetezco,
             mas si hubiera de comer
             algo, el aliño, el aseo
             con que sirven a Tamar
             sus criadas, señor, creo   660
             que lisonjeara mi hastío,
             aquellas viandas comiendo;
             y más si ella me trajera
             la comida; que un enfermo
             más se agrada del cariño,   665
             señor, que del alimento.

Jonadab   Y es verdad, porque una dama,
             con las pinzas de los dedos,
             tronchando los bocaditos,
             hará que los masque un muerto.   670

David   Pues yo, Amón, diré a Tamar
             venga ella misma luego
             a traerte de comer,
             y mandaré al mismo tiempo
             que los músicos te canten,   675
             por ver si así te divierto.

(Vase.)

Amón   El cielo aumente tu vida,
             que yo en aqueste aposento
             esperaré ese favor:
             ven, Jonadab.

Jonadab   Bien se ha hecho   680
              hasta quí.

Amón   No, sino mal;
              pues traidoramente intento
              añadir desesperado
              culpa a culpa, incendio a incendio,
              pena a pena, error a error,   685
              daño a daño, y riesgo a riesgo.

(Vanse, tocan un clarín y sale David.)

David   ¿Qué nueva salva es aquesta,
              que con marciales acentos
              vuelve a dar voces al aire,
              mal respondidas del eco?   690

(Salen Absalón y Salomón.)

Salomón   Danos albricias, señor.

David   ¿De qué, Si gusto no espero?

Absalón   De que las naves de Ofir
              han llegado a salvamento.

(Salen Joab y Aquitofel.)

Joab   ¿Ya habrás sabido la causa   695
              deste militar estruendo?

David   Sí, Joab.

Aquitofel   Segunda vez

vuelve a repetir el viento.

(Tocan, y salen Semey, Teuca, etíopes y soldados.)

Semey   Dame, señor, a besar
               tu real mano.

(Se arrodilla.)

David   Alza del suelo,   700
               y seas muy bien venido,
               Semey.

Semey   Forzoso es serlo,
               viniendo a verme a tus plantas.
               De Hiram despachado vengo
               con tu armada y sus bajeles,   705
               monstruos de dos elementos:
               y entre las varias riquezas
               de plata y oro y de cedros,
               material incorruptible,
               para la obra del templo   710
               que tú hacer has prevenido
               al arca del Testamento;
               mas de todos los despojos,
               que te traigo, te encarezco
               esta divina etiopisa,   715
               en cuyo bárbaro acento
               un espíritu anticipa
               sucesos malos o buenos.

David   Un gusto y un pesar juntos,
               Semey, me has dado a un tiempo: 720
               el gusto es de tu venida,

cuyo cuidado agradezco;
el pesar de tu ignorancia,
pues has pensado que puedo
tener por grandeza yo   725
en mi palacio agoreros.
Dios habla por sus profetas:
el demonio, como opuesto
a las verdades de Dios,
habla apoderado en pechos   730
tiranamente oprimidos:
y así, destierra al momento
esta torpe fitonisa
de mi corte; y después desto,
los materiales que traes   735
se guarden, porque aun no es tiempo
que la fábrica se empiece;
que yo labrar no merezco
casa a Dios: quien me suceda
la fabricará. Con esto,   740
que aprendáis a ser piadosos,
hijos míos, os advierto;
pues el gran Dios no permite
que yo fabrique su templo,
porque manchadas las manos   745
de sangre idólatra tengo.

(Vase.)

Teuca   Aunque responder quisiera
             al Rey, no he podido, ¡cielos!,
             que está espíritu más noble
             aposentado en su pecho   750
             que en el mío; y como al verle,
             mudo quedó el que yo tengo,

	en mí se venga, a pedazos	
	el corazón deshaciendo.	
	¡Ay de mí!, rabiando vivo.	755
	¡Ay de mí!, rabiando muero.	

Absalón ¿Qué frenesí, qué letargo
dio a la etiopisa?

Salomón   ¿Qué es esto?

Aquitofel Sus cabellos y sus ropas
está arrancando y rompiendo.   760

Semey ¡Teuca!

Teuca   Sacrílego aleve,
detente que al verte tiemblo.

Joab   Advierte...

Teuca   Injusto homicida,
aparta: de ti iré huyendo,
que tú lanzas arrojando,   765
que tú piedras recogiendo,
me dáis horror, hasta que
de vuestra muerte herederos
seáis, siendo vuestra muerte
cláusula de un testamento.   770

Aquitofel Extrañas locuras dice,
considera...

Teuca   Oír no quiero
tu consejo, Aquitofel;

basta; que por tu consejo,
torpe desesperación   775
aun te niegue el monumento.

Salomón   Repórtate.

Teuca   A ti sí haré,
Salomón, que hablar no puedo;
que no ha de saber el mundo
si tu fin es malo o bueno.   780

Absalón   ¡Qué sin propósito habla!
Mira, etiopisa...

Teuca   Ya veo
que te ha de ver tu ambición
en alto por los cabellos.
¡Ay de mí!, rabiando vivo,   785
¡Ay de mí!, rabiando muero.

(Vase.)

Salomón   Ve tras ella, no el furor
la desespere.

Semey   Siguiendo
iré sus pasos, dudando
vaticinios que no entiendo.   790

(Vase.)

Salomón   ¡Raros delirios ha dicho!

Absalón   Aunque por tales los tengo,

no me ha dejado de dar
lo que me ha dicho contento.

Salomón   ¿Qué te ha dicho?

Absalón   Que he de verme   795
si bien, Salomón, me acuerdo,
por los cabellos en alto.

Salomón   Pues, ¿cómo interpretas eso?

Absalón   Hermosura es una carta
de favor que dan los cielos,   800
y su sobrescrito, al hombre
y a todo el común afecto.
Está en mí (todos los dicen,
que no creyera a mi espejo):
es tan grande, que este solo   805
desperdicio de su imperio
en cada un año me vale
de esquilmos muchos talentos.
De Jerusalén las damas
me la compran; que a su aseo   810
yo soy quien les deja alguna
adoración de alimentos.
Pues siendo así, que yo amado
soy de todos, bien infiero
que esta adoración común   815
resulte en que todo el pueblo
para rey suyo me aclame,
cuando se divida el reino
en los hijos de David.
Luego justamente infiero,   820
pues que mis cabellos son

de mi hermosura primeros
acreedores, que a ellos deba
el verme en el alto puesto;
y así, vendré a estar entonces   825
en alto por los cabellos.

Salomón   ¡Qué por ellos has traído
la aplicación al concepto!
Pues, ¿quieres que una hermosura
afeminada, en los pechos   830
de todos engendre más
amor que aborrecimiento?

Absalón   Cuando la hermosura cae
sobre el valor que yo tengo,
¿por qué no?

Salomón   Porque hay en hijos   835
de David merecimientos
que te prefieren en todo.

Absalón   No serás tú, por lo menos,
reliquia de dos delitos,
homicidio y adulterio: 840
hablen Bersabé y Urías,
una incasta y otro muerto.

Salomón   De tu padre has murmurado,
Absalón, y aunque yo puedo
por mis manos castigar   845
tan osado atrevimiento,
el cielo me ata las manos,
quizá porque él quiere hacerlo;
que ofensas de un padre siempre

| | las toma a su cargo el cielo. | 850 |

(Vase.)

Joab

Cuerdamente ha respondido.

Aquitofel

Siempre el temor es muy cuerdo.

Joab

Antes siempre la cordura
fue muy valiente.

Absalón

        ¿Qué es eso?

Aquitofel

Joab, que es de Salomón...   855

Absalón

¡A mí os andáis oponiendo
toda la vida!

Joab

       Yo siempre
la razón, señor, defiendo.

Absalón

La privanza de mi padre,
Joab, os tiene muy soberbio.   860
Vos de mí os acordaréis
cuando esté en el puesto alto
que mi valor me previene.

Joab

Entonces haré lo mesmo,
y aun quizá entonces tendré   865
más ocasión para hacerlo.

(Vase.)

Absalón

¿A mí me amenazas?

Aquitofel   Tente,
             señor, mira que aún no es tiempo
             de empezar a declarar
             lo que tratado tenemos   870
             entre los dos, porque importa
             ganar algunos primero.

Absalón   En todo quiero seguir,
             Aquitofel, tus consejos.

Aquitofel   Ellos te pondrán adonde   875
             aspiran tus pensamientos.

(Tocan instrumentos.)

Absalón   Dellos y de ti lo fío.
             Pues los dos... Pero, ¿qué es esto?

Aquitofel   Tamar de su cuarto sale
             con mucho acompañamiento   880
             y va hacia el cuarto de Amón.

Absalón   Divertir sus sentimientos
             quiere con música. Vamos,
             Aquitofel, que no quiero
             hablar ahora en otra cosa   885
             sino en los designios nuestros.

(Vanse.)

(Salen todos los músicos, y las damas con platos y toallas, y Tamar.)

Músicos   De las tristezas de Amón,

que es amor la causa, es cierto,
que solo amor se atreviera
a herir tan ilustre pecho.   890
Mas, ¡ay!, que es engaño
pensar que le ha muerto;
que no tiene amor
quien tiene silencio.

(Salen Amón y Jonadab.)

Jonadab   Ya entra en tu cuarto Tamar.   895

Amón   ¡Qué osado mi pensamiento,
                     sin verla está!, y ¡qué cobarde
                     al verla! Todo yo tiemblo.

Tamar   No me agradezcas, Amón,
                     esta visita; que hoy vengo,   900
                     porque mi padre lo manda,
                     a servirte.

Amón   Sí, agradezco,
                     pues tu obediencia resulta
                     en mi dicha.
(Aparte.)   (Yo estoy muerto.)

Tamar   Música y manjares traigo   905
                     para lisonjear a un tiempo
                     los sentidos.

Amón   Mucho agravias
                     al mayor de todos ellos.

Tamar   ¿Cuál es?

Amón	La vista, porque	
	vianda y música trayendo	910
	para el gusto y el oído,	
	te has olvidado	
(Aparte.)	(¡yo muero!),	
	de que traes para los ojos	
	hermosura; si no infierno	
	que piensas que no la traes,	915
	porque me imaginas ciego.	

Tamar	Si de aquel pasado engaño	
	te han sobrado esos requiebros,	
	mira que los desperdicias	
	en vano, porque hoy intento	920
	que alivien tus penas más	
	verdades que fingimientos.	

Amón	Ea, pues. Cantad vosotros;	
	y porque vuestros acentos	
	suenen de lejos más dulces,	925
	cantad desde otro aposento.	

| Jonadab | Sí, que música y pintura | |
| | parecen mejor de lejos. | |

| Tamar | Ahí fuera podéis cantar. | |

(Vase la música.)

| Amón (Aparte.) | Ce, Jonadab. | |

| Jonadab (Aparte.) | Ya te entiendo. | 930 |
| | Cerrar la puerta y que canten | |

todos, ¿no me dices eso?

(Vase Jonadab.)

Amón   Sí.

(Dentro cantan.)

Tamar   Come tú mientras cantan.

Amón   En escuchar me divierto.

Músicos   Que no tiene amor   935
                    quien tiene silencio.

Amón   Y así, divina Tamar,
                    no admires mi atrevimiento,
                    sino que las leyes rompo
                    del decoro y del respeto.   940
                    Esta hermosa mano blanca,
                    permite que, no haciendo
                    de lirios, sirva áspides
                    de tríaca a mi veneno.

Tamar   Suéltame la mano, Amón,   945
                    que ya quejarte es extremo
                    de un engaño.

Amón   Si lo fuera,
                    dices bien; pero ya es tiempo
                    de que la prisión te rompa
                    el lazo a mi sentimiento.   950

Músicos   Que no tiene amor

quien tiene silencio.

Amón	Yo muero por ti, Tamar.

Amón   Yo muero por ti, Tamar.
No puedo a mayor extremo
llegar que a morir por ti: 955
mi confianza me ha muerto.

Tamar (Aparte.)   (¿quién pudiera prevenirlo?)
(Alto.)   Mira, Amón...

Amón   Ya nada veo.

Tamar   Que soy tu hermana.

Amón   Es verdad;
pero si dice un proverbio   960
la sangre sin fuego hierve,
¿qué hará la sangre con fuego?

Tamar   En nuestra ley se permite
casarse deudos con deudos,
pídeme a mi padre.

Amón   Es tarde   965
para valerme del ruego.

Tamar   ¡Hola!

(Sale un músico.)

Amón   Que cantéis os manda
Tamar.

Tamar   ¿Yo?

| Músico | Ya obedecemos. |

(Vase.)

(Cantan dentro, sin cesar, mientras los dos representan.)

| Amón | No he de dejar de gozarte: |
| | ¡Jonadab!, cierra al momento. | 970 |

(Dentro.)

| Jonadab | Ya está la puerta cerrada. |

| Tamar | Mira el riesgo. |

| Amón | No le temo. |

| Tamar | ¡Padre! ¡Señor! ¡Absalón! |

| Amón | Tu voz ya no es de provecho |
| | con esa dulce armonía. | 975 |

(Cantan.)

| Tamar | Pues daré voces al cielo. |

| Amón | El cielo responde tarde. |

Tamar	Pues mataráte este acero
	si me sigues, porque yo
	fuerza mucha y valor tengo.	980

(Sácale la espada.)

Amón

Al sacarla me has herido
y aunque puede ser agüero,
ya no temo cosa alguna,
cuando esta violencia intento.
La he de seguir, ya una vez   985
declarado, pues es cierto...

Él y músicos

Que no tiene amor
quien tiene silencio.

(Entranse.)

Fin de la primera jornada

Jornada segunda

(Salen Amón, Tamar y Eliazer.)

Amón   Vete de aquí, salte fuera,
                         veneno en taza dorada,   990
                         sepulcro hermoso de fuera,
                         arpía que en rostro agrada
                         siendo una asquerosa fiera.
                           Al basilisco retratas,
                         ponzoña mirando arrojas   995
                         y mi juventud maltratas,
                         pues cruelmente me matas
                         con tan mortales congojas.
                           ¿Que yo te quise es posible?
                         ¿Que yo te tuve afición,   1000
                         fruta de Sodoma horrible,
                         en la médula carbón
                         si en la corteza apacible?
                           Sal fuera, que eres horror
                         de mi vida, y su escarmiento.   1005
                         Vete, que me das temor
                         y es más mi aborrecimiento
                         que fue mi primero amor.
                           ¡Hola! Echádmela de aquí.

Tamar   Mayor ofensa e injuria   1010
                         es la que haces contra mí
                         que fue la amorosa furia
                         de tu torpe frenesí.
                           ¿Cómo burlan tus antojos
                         a quien se empleó en servirte   1015
                         y me das tales enojos?

Amón	¡Quién, por no verte y oírte,
	sordo quedara y sin ojos!
	¿No te quieres ir, mujer?

Tamar	¿Dónde iré sin honra, ingrato,	1020
	ni quién me querrá acoger,
	siendo mercader sin trato
	deshonrada una mujer?
	Haz de tu hermana más cuenta,
	ya que de ti no la has dado,	1025
	que en cadenas del pecado
	perece quien las aumenta
	en su yerro aprisionado.
	Tahúr de mi honor has sido:
	ganado has por falso modo	1030
	joya que en vano te pido.
	Quítame la vida y todo,
	pues ya lo más he perdido.
	No te levantes tan presto,
	pues es mi pérdida tanta	1035
	que, aunque [al] que pierde es molesto,
	el noble no se levanta
	mientras en la mesa hay resto.
	Resto hay de la vida, ingrato;
	pero es vida sin honor,	1040
	y así de perderla trato:
	acaba el juego, traidor,
	dame la muerte en barato.

Amón	Infierno, ya no de fuego
	pues helado me atormentas,	1045
	sierpe, monstruo, vete luego.

| Tamar | El que pierde sufre afrentas |

porque le mantengan juego:
    mantenme juego, tirano,
hasta acabar de perder   1050
lo que queda. Alza, villano,
la mano: quítame el ser
y ganarás por la mano.

Amón   ¿Viose tormento como éste?
            ¡Hola! ¿No hay ninguno ahí?   1055
            ¿Qué desatino es aqueste?

(Llegan Eliazer y Jonadab.)

Eliazer   Señor...

Amón   Echadme de aquí
            esta víbora, esta peste.

Eliazer   ¿Víbora y peste? ¿Qué es della?

Amón   Llevadme aquesta mujer,   1060
            cerrad la puerta tras ella.

Jonadab (Aparte.)   (Carta Tamar vino a ser,
            leyóla, y quiere rompella.)

Amón   Echadla en la calle.

Tamar   Así
            estaré bien; que es razón,   1065
            ya que el delito fue aquí,
            que por ellas dé un pregón
            mi deshonra contra ti.

| Amón | Voyme por no te atender. |

(Vase.)

| Jonadab | ¡Extraño caso, Eliazer! | 1070 |
| | ¿Tal odio tras tanto amar? | |

| Tamar | Presto, villano, has de ver | |
| | las venganzas de Tamar. | |

(Vanse y salen Absalón y Adonías.)

Absalón	Si no fueras mi hermano, o no estuvieras	
	en palacio, ambicioso, brevemente	1075
	hoy con la vida, bárbaro, perdieras	
	el deseo atrevido e imprudente.	

Adonías	Si en tus venas la sangre no tuvieras	
	con que te honró mi padre indignamente,	
	yo hiciera que, quedándose vacías,	1080
	de púrpura calzaran a Adonías.	

Absalón	¿Tú pretendes reinar, loco, villano?	
	¿Tú, muerto Amón del mal que le consume,	
	subir al trono aspiras soberano	
	que en doce tribus su valor [resume]?	1085
	¿Que soy, no sabes, tu mayor hermano?	
	¿Quién competir con Absalón presume,	
	a cuyos pies ha puesto la ventura	
	el valor, la riqueza y la hermosura?	

Adonías	Si el reino israelita se heredara	1090
	por el más delicado, tierno y bello,	
	aunque no soy yo monstruo en cuerpo y cara,	

a tu yugo humillara el reino el cuello:
cada tribu hechizada se enhilara
en el oro de Ofir de tu cabello,   1095
y, convirtiendo hazañas en deleites,
te pecharan en cintas y en afeites.
    Redujeras a damas tu consejo,
a trenzas tu corona y a un estrado
el solio de tu triste padre viejo,   1100
las armas a la holanda y al brocado:
por escudo tomaras un espejo
y de tu misma vista enamorado,
en lugar de la espada, a quien me aplico,
esgrimieras tal vez el abanico.   1105
    Mayorazgo te dio Naturaleza
con que los ojos de Israel suspendes;
el cielo ha puesto renta en tu cabeza
pues tus madejas a las damas vendes
cada año, haciendo esquilmo tu belleza: 1110
que han de aliviarla de tu pelo entiendes,
repartiendo por tiendas su tesoro
le compran en doscientos siclos de oro.
De tu belleza ser el rey procura:
déjame a mí a Israel, que haces agravio   1115
a tu delicadeza, a tu blandura...

Absalón   Cierra, villano, el atrevido labio;
que el reino se debía a la hermosura,
a pesar de tu envidia, dijo un sabio:
señal que es noble el alma que está en ella,   1120
que el huésped bello habita en casa bella.
    Cuando mi padre al enemigo asalta,
no me quedo en la corte, dando al ocio
lascivos daños, ni el valor me falta
que con mis hechos quilatar negocio.   1125

Mi acero incircuncisa sangre esmalta:
la guerra, que jubila al sacerdocio,
en mis hazañas enseñar procura
qué bien dice el valor con la hermosura.
    Mas, ¿para qué lo que es tan cierto
                              [he puesto   1130
en duda con razones? Haga alarde
la espada contra quien te has descompuesto,
verás si, por hermoso, soy cobarde.

Adonías   Por adorno no más te la habrás puesto:
                 no la saques, así el amor te guarde;   1135
                 que te desmayarás si la ves fuera.

Absalón   Si no saliera el Rey...

Adonías   Si no saliera...

(Salen David y Salomón.)

David   Bersabé, vuestra madre, me ha pedido
                   por vos, mi Salomón: creced, sed hombre,
                   que si amado de Dios, sois el querido,   1140
                   conforme significa vuestro nombre,
                   yo espero en Él que al trono real subido
                   futuros siglos vuestra fama asombre,

Salomón   Vendráme, gran señor, esa alabanza
                   por ser de vos retrato y semejanza.   1145

David   Príncipes...

Absalón   Gran señor...

David   ¿En qué se entiende?

Adonías   La paz ocupa el tiempo en novedades.
                          Galas la mocedad al gusto vende,
                          si el desengaño a la vejez verdades.

Absalón   La caza, que del ocio nos defiende,   1150
                          nos convida a buscar las soledades:
                          ésta trazamos y, tras ella, fiestas.
                          ¡Válgame Dios! ¿Qué voces son aquestas?

(Sale Tamar llorando.)

Tamar   Gran monarca de Israel,
                          descendiente del león   1155
                          que, para vengar injurias,
                          dio ayuda al nuevo Jacob;
                          si lágrimas, si suspiros,
                          si mi compasiva voz
                          si delito y menosprecio   1160
                          te mueven a compasión,
                          y cuando aquesto no baste,
                          ni el ser hija tuya yo,
                          a que castigues te incita
                          al que tu sangre afrentó: 1165
                          por los ojos vierto el alma,
                          luto traigo por mi honor,
                          suspiros al cielo arrojo,
                          de inocencia vengador.
                          Cubierta está mi cabeza   1170
                          de ceniza; que un amor
                          desatinado, si es fuego,
                          solo deja en galardón
                          cenizas que lleva el aire;

mas, aunque cenizas son,   1175
no quitan la mancha de honra,
sangre sí, que es buen jabón.
La mortal enfermedad
del torpe príncipe Amón
peste de mi honra ha sido,   1180
su contagio me pegó.
Que le guisase mandaste
alguna cosa a sabor
de su villano apetito:
¡ponzoña fuera mejor!   1185
Sazonéle una sustancia;
mas las sustancias no son
de provecho, si se oponen
accidentes de pasión.
Estaba el hambre en el alma,   1190
y en mi desdicha guisó
su desvergüenza mi agravio:
sazonóle la ocasión;
y sin advertir mis quejas
ni el proponelle que soy   1195
tu hija, Rey, y su hermana,
su estado, su ley, su Dios,
echando la gente fuera,
a puerta cerrada entró
en el templo de la fama   1200
y sagrado de mi honor.
Aborrecióme ofendida:
no me espanto; que al fin son
enemigas declaradas
la esperanza y posesión.   1205
Echóme injuriosamente
de su casa el violador,
oprobios por gustos dando:

¡paga, al fin, de tal señor!
Deshonrada, por sus calles   1210
tu corte mi llanto vio:
sus piedras se compadecen,
cubre sus rayos el Sol
entre nubes, por no ver
caso tan fiero y atroz: 1215
todos te piden justicia,
¡justicia, invicto señor!
Dirás que es Amón tu sangre:
el vicio la corrompió.
Sángrate della, si quieres   1220
dejar vivo tu valor.
Hijos tienes herederos,
semejanza tuya son
en el esfuerzo y virtudes:
no dejes por sucesor   1225
quien, deshonrando a su hermana,
menosprecia tu opinión;
pues mejor afrentará
los que sus vasallos son.
Ea, sangre generosa   1230
de Abraham, que su valor
contra el inocente hijo
el cuchillo levantó:
uno tuvo, muchos tienes,
inocente fue, Amón, no.   1235
A Dios sirvió así Abraham,
así servirás a Dios.
Véncete, Rey, a ti mismo:
la justicia a la pasión
se anteponga, que es más gloria   1240
que hacer piezas un león.
Hermanos, pedid conmigo

justicia. Bello Absalón,
un padre nos ha engendrado,
una madre nos parió.   1245
A los demás no les cabe
de mi deshonra y baldón
sino sola la mitad
mis medios hermanos son.
Vos lo sois de padre y madre: 1250
entera satisfacción
tomad, o en eterna afrenta
vivid sin fama desde hoy.
Padre, hermanos, israelitas,
cielos, astros, Luna, Sol,   1255
brutos, peces, aves, fieras,
elementos cuantos sois,
justicia os pido a todos de un traidor
de su ley y su hermana violador.

David   Alzad, mi Tamar, del suelo.   1260
                        Llamadme al príncipe Amón.
                        ¿Esto es, ¡cielos!, tener hijos?
                        Mudo me deja el dolor:
                        lágrimas serán palabras
                        que expliquen al corazón.   1265
                        Rey me llama la justicia,
                        padre me llama el amor,
                        uno obliga y otro impele:
                        ¿cuál vencerá de los dos?

Absalón   Hermana... (¡nunca lo fueras!),   1270
                        da lugar a la razón,
                        pues no se halla en la venganza
                        medio que enmiende el error.
                        Amón es tu hermano y sangre;

a sí mismo se afrentó: 1275
puertas adentro se quede
mi agravio y tu deshonor.
Mi hacienda está en Efraín,
granjas tengo en Balhasor,
casas fueron de placer,   1280
ya son casas de dolor.
Vivirás conmigo en ellas,
que mujer sin opinión
no es bien que en la corte habite
muerta su reputación.   1285
Vamos a ver si los tiempos
tan sabios médicos son
que con remedio de olvidos
den alivio a tu dolor.

Tamar   Bien dices: viva entre fieras   1290
quien entre hombres se perdió;
que, a estar con ellas, es cierto
que no muriera mi honor.

(Vase.)

Absalón (Aparte.) Incestuoso, tirano,
presto cobrará Absalón,   1295
quitándote el reino y vida,
debida satisfacción.

(Vase.)

Adonías.   A tan portentoso caso
no hay palabras, no hay razón
que aconsejen y consuelen.   1300
Triste y confuso me voy.

(Vase.)

Salomón (Aparte.)   La infanta es hermana mía,
del príncipe hermano soy,
la afrenta de Tamar siento,
temo el peligro de Amón.   1305
El Rey es santo y prudente,
el suceso causa horror:
más vale dar con el tiempo
lugar a la admiración.

(Vase.)

(Quédase David solo y sale Amón.)

Amón (Aparte.)   El Rey mi señor me llama: 1310
¿iré ante el Rey mi señor?
¿Su cara osaré mirar
sin vergüenza ni temor?
Temblando estoy a la nieve
de aquellas canas; que son   1315
los pecados frías cenizas
del fuego que encendió amor.
¡Qué ambicioso antes del vicio
anda siempre el pecador!,
y en pecando ¡qué cobarde!   1320

David   Príncipe...

Amón   A tus pies estoy.

David (Aparte.)   (No ha de poder la justicia
aquí más que la afición.

	Soy padre. También soy rey.	

Soy padre. También soy rey.
Es mi hijo. Fue agresor.   1325
Piedad sus ojos me piden,
la infanta satisfacción.
Prenderéle en escarmiento
deste insulto. Pero no.
Levántase de la cama: 1330
de su pálido color
sus temores conjeturo.
Pero ¿qué es de mi valor?
¿Qué dirá de mi Israel
con tan necia remisión?   1335
Viva la justicia, y muera
el príncipe violador.)

(Alto.)   Amón...

Amón   Amoroso padre

David (Aparte.)   (El alma me traspasó.
¡Padre amoroso me llama!   1340
Socorro pide a mi amor.
Pero muera.)

(Alto.)   ¿Cómo estáis?

Amón   Piadoso padre, mejor.

(Sale Absalón al paño.)

David (Aparte.)   En mirándole, es de cera
mi enojo deshecho al Sol.   1345
Adulterio y homicidio
siento tal, me perdonó
el justo Juez, porque dije
un pequé de corazón.

Venció en Él a la justicia   1350
la piedad; su imagen soy:
el castigo es mano izquierda,
mano derecha el perdón;
pues sea izquierdo el defecto.
(Alto.)   Mirad, príncipe, por vos,   1355
cuidad de vuestro regalo.
(Aparte.)   ¡Ay prenda del corazón!

(Vase.)

Amón   ¡Oh poderosas hazañas
del amor, único Dios,
que hoy a David han vencido,   1360
siendo Rey y vencedor!
Que mirase por mí dijo;
tiernamente me avisó;
el castigo del prudente
es la tácita objeción.   1365
Temió darme pesadumbre:
por entendido me doy.
Yo pagaré amor tan grande
con no ofenderle desde hoy.

(Vase.)

Absalón   ¡Que una razón no le dijo   1370
en señal de sus enojos!
¡Ni un severo mirar de ojos!
Hija es Tamar si él es hijo.
Mas no importa; que yo elijo
la justa satisfacción;   1375
que a mi padre la pasión
de amor ciega: pues no ve,

con su muerte cumpliré
su justicia y [mi] ambición.
   No es bien que reine en el mundo   1380
quien no reina en su apetito:
en mi dicha y su delito
todo mi derecho fundo.
Si yo soy del Rey segundo,
ya por sus culpas primero,   1385
hablar a mi padre quiero
y del sueño despertalle
con que ha podido hechizalle
Amor, siempre lisonjero.

(Estará una corona sobre un bufete.)

   Allí está. Pero ¿qué es esto?   1390
¿La corona en una fuente
con que ciñe la real frente
mi padre, grave y compuesto?
La mesa el plato me ha puesto
que ha tanto que he deseado: 1395
debo de ser convidado.
Si el reinar es tan sabroso
como afirma el ambicioso,
no es de perder tal bocado.
   Amón no os ha de gozar,   1400
cerco en que mi gusto encierro;
que sois de oro, y fue de hierro
el que deshonró a Tamar.
(Toma la corona.) Mi cabeza quiero honrar
con vuestro círculo bello;   1405
mas rehusaréis el hacello,
pues aunque en ella os encumbre,
temblaréis de que os deslumbre

el oro de mi cabello.

(Pónesela.) Bien está: vendréisme así 1410
nacida, y no digo mal,
pues nací de sangre real,
y vos nacéis para mí.
¿Sabréos yo merecer? Sí.
¿Y conservaros? También. 1415
¿Quién hay en Jerusalén
que lo estorbe? Amón. Matalle.

(Al paño David.) Mi padre querrá vengalle.
Matar a mi padre...

David   ¿A quién?

Absalón (Aparte.) (¡Ah cielos!) A quien no es 1420
vasallo de Vuestra Alteza.

(Arrodíllase.)

(Sale David.)

David Con corona en la cabeza
no dices bien a mis pies.

Absalón Pienso heredarte después
que anda el príncipe indispuesto. 1425

David Hástela puesto muy presto:
no serás sucesor suyo,
que desa corona arguyo
que, como llega a valer
un talento, es menester 1430
mayor talento que el tuyo.
   En fin, ¿me quieres matar?

Absalón   ¿Yo?

David   ¿No acabas de decillo?

Absalón   Si llegaras bien a oíllo
                          mi amor habías de premiar.   1435
                          Si es que llegara a reinar
                          dije, hoy en Jerusalén,
                          mi enojo probara quien
                          fama por traidor adquiere
                          y, por ser tirano, quiere   1440
                          matar a mi padre.

David   Bien.
                          Pues, ¿quién hay a quien le cuadre
                          tal título?

Absalón   Pienso yo
                          que el que a su hermana forzó
                          también matará a su padre.   1445

David   Por ser los dos de una madre
                          contra Amón te has indignado;
                          pues ten por averiguado
                          que quien fuere su enemigo
                          no ha de tener paz conmigo.   1450

Absalón   Sin razón te has enojado.
                             Solo yo te hallo cruel.

David   ¿Qué mucho, si tú lo estás
                          con Amón?

Absalón   No le ama más
                 que yo nadie en Israel;   1455
                 antes, gran señor, con él
                 y los príncipes, quisiera
                 que Vuestra Alteza viniera
                 al esquilmo que ha empezado
                 en Balhasor mi ganado,   1460
                 y que esta merced me hiciera.
                   Tan lejos de desatino
                 y venganzas necias vengo,
                 que allí banquete prevengo
                 de tales personas dino.   1465
                 Honre nuestro vellocino
                 vuestra presencia, señor,
                 y divierta allí el dolor
                 que le causa este suceso:
                 conocerá que intereso   1470
                 en granjear solo su amor.

David   Tú fueras el fénix del
                 si estas cosas olvidaras
                 y al príncipe perdonaras
                 no vil Caín, sino Abel.   1475

Absalón   Si hiciere memoria del,
                 plegue a Dios que me haga guerra
                 cuanto el Sol dorado encierra,
                 y contra ti rebelado,
                 de mis cabellos colgado   1480
                 muera entre el cielo y la tierra.

David   Si eso cumples, mi Absalón,
                 mocedades te perdono:
                 con los brazos te corono,

| | que mejor corona son. | 1485 |

Absalón

En mis labios tus pies pon,
y añade a tantas mercedes,
porque satisfecho quedes,
señor, el venir a honrar
mi esquilmo, pues da lugar   1490
la paz, y alegrarte puedes.

David

Harémoste mucho gasto:
no, hijo, guarda tu hacienda.
El reino pide que atienda
la vejez que en canas gasto.   1495

Absalón

Pues a obligarte no basto
a esta merced, da licencia
que, supliendo tu presencia
Adonías, Salomón,
hagan, yendo con Amón,   1500
de mi amor noble experiencia.

David

   ¿Amón? Eso no, hijo mío.

Absalón

Si melancólico está,
sus penas divertirá
el ganado, el campo, el río.   1505

David

Temo que algún desvarío
dé nueva causa a mi llanto.

Absalón

De la poca fe me espanto
que tiene mi amor contigo.

David

La experiencia en esto sigo;   1510

que cuando con el disfraz
viene el agravio de paz
es el mayor enemigo.

Absalón   Antes el gusto y regalo
que he de hacelle ha de abonarme: 1515
en esto pienso esmerarme.

David   Nunca el recelar fue malo.

Absalón   ¡Plegue al cielo que sea un palo
alguacil que me suspenda,
cuando yo al príncipe ofenda!   1520
No me alzaré de tus pies,
padre, hasta que a Amón me des.

(De rodillas.)

David   Del alma es la mejor prenda;
pero en fe de que me fío
de ti, yo te lo concedo.   1525

Absalón   Cierto ya de tu amor quedo.

David (Aparte.)   ¿De qué dudáis, temor frío?

Absalón   Voyle a avisar.

David   Hijo mío,
al olvido agravios pon.

Absalón   No temas.

David   ¡Ay mi, Absalón!   1530

Lo mucho que te amo pruebas.

Absalón   Adiós.

David   Mira que me llevas
               la mitad del corazón.

(Vanse.)

(Salen Tamar, y Teuca cubiertos los rostros, y algunos pastores cantando.)

Pastores   Al esquilmo ganaderos,
               que balan las ovejas y los corderos.   1535
               Ganaderos, a esquilar,
               que llama a los pastores el mayoral.

Pastor I   Dichosas serán desde hoy
               las reses que en el Jordán
               cristales líquidos beben,   1540
               y en tomillos pacen sal.
               Ya con vuestra hermosa vista
               yerba el prado brotará,
               por más que la seque el Sol,
               pues vos sus campos pisáis.   1545
               ¿De qué estáis tan dolorosa,
               hermosísima Tamar,
               pues con vuestros ojos bellos
               estos montes alegráis?
               Si dicen que está la corte   1550
               doquiera que el Rey está
               y vos sois reina en [belleza],
               la corte es ésta, no hay más.
               Ea, infanta, entreteneos
               y esa hermosura mirad   1555

en las aguas, que os ofrecen
por espejo su cristal.

Tamar

Temo de mirarme en ellas.

Pastorl

Si es por no os enamorar
de vos misma, bien hacéis: 1560
un ángel os trajo acá.
Pero asomaos con todo eso:
veréis cómo os retratáis
en la tabla deste río,
si en ella vos os miráis;   1565
y haréis un cuadro valiente,
que, porque le guarnezcáis,
las flores de oro y azul
de marco le servirán.
Honradla, miraos en ella.   1570

Tamar

Aunque hermosa me llamáis,
tengo una mancha afrentosa:
si la veo, he de llorar.

Pastor

¿Mancha tenéis? Y aun por eso,
que aquí los espejos que hay,   1575
si mancha muestran, la quitan,
enseñando a la amistad.
Allá los espejos son
solo para señalar
faltas que, viéndose en vidrio,   1580
con ellas en rostro dan.
Acá son espejos de agua,
que a los que a mirarse van,
muestran la mancha y la quitan
en llegándose a lavar.   1585

Tamar	Si agua esta mancha quitara,
	harta agua mis ojos dan:
	solo a borralla es bastante
	la sangre de un desleal.

Pastor	No vi en mi vida tal muda:	1590
	miel virgen afeita acá;
	que ya hasta las caras venden
	postiza virginidad.
	¿Son pecas?

| Tamar (Aparte.) | Pecados son. |

| Pastor | Cubridlas con solimán. | 1595 |

| Tamar | No queda, pastor, por eso: |
| | toda yo soy rejalgar. |

| Pastor | ¿Es algún lunar acaso |
| | que con la toca tapáis? |

| Tamar (Aparte.) | No se muda cual la Luna. | 1600 |
| | No es la deshonra lunar. |

Pastor	Pues sea lo que se fuere,
	pardiez, que hemos de cantar
	y aliviar la pesadumbre,
	que es locura lo demás.	1605
	Pero Teuca viene allí,
	y pienso que de cortar
	unas flores del jardín.

| Tamar | Todo es tristeza y pesar. |

(Trae Teuca unas flores en un cestillo.)

Pastor   Teuca, aunque te descubras,   1610
           segura puedes estar
           de que el Sol no ha de abrasarte;
           bien te conoce de allá.

Teuca   Todas estas flores bellas
           a la primavera he hurtado;   1615
           que, pues de amor son traslado,
           competir podéis con ellas.
              Lleno viene este cestillo
           de las más frescas y hermosas
           hierbas, jazmines y rosas,   1620
           desde el clavel al tomillo.
           Aquí está la manutisa,
           la estrellamar turquesada,
           con la violeta morada
           que amor, porque fue, la pisa.   1625
              [Tomaldos], que son despojos
           del campo, y juntad con ellos
           labios, aliento y cabellos,
           pecho, frente, cejas y ojos.

(Dale un ramillete a Tamar.)

Tamar   Todas las que abril esmalta   1630
           pierden en mí su color,
           amiga, porque la flor
           que más me importa me falta.

Teuca   ¡Qué presto te has de vengar!

| Tamar | Ese es todo mi consuelo, | 1635 |
| | y si no, trágueme el suelo. | |

Teuca   Bien te puedes consolar.

Pastor1   Alegráos, ¿en qué pensáis?

Tamar   Me parece que han venido
los príncipes que han querido   1640
honrarnos hoy.

Pastor1   ¿Qué aguardáis?
Mientras el convite pasa,
al soto apacible vamos
y de flores, hierba y ramos
entapicemos la casa.   1645

Pastor2   Tiene Cardenio razón:
démonos prisa, pastores;
pero ¿qué ramos y flores
hay como ver a Absalón?

(Vanse los pastores.)

Tamar   Teuca, vámonos de aquí.   1650

Teuca   ¿Para qué? Bien disfrazada
estás.

Tamar   Di mal injuriada
¡No puedo caber en mí!

(Salen Absalón, Adonías, Salomón, Amón, Aquitofel y Jonadab, de caza.)

Amón   Bello está el campo.

Absalón   Es el mayo
                el [mes] galán, todo es flor.   1655

Jonadab.   A lo menos labrador,
                según ajirona el sayo.

Amón   Oye, que hay aquí serranas.

Jonadab   Y no de mal talle y brío.

Absalón   De mi hacienda son, y os fío   1660
                que envidian las cortesanas
                    el aseo y hermosura.

Amón   Bien haya quien la belleza
                debe a la Naturaleza,
                no al afeite y compostura.   1665

Absalón   Esta es mujer tan curiosa,
                que de lo futuro avisa,
                tiénenla por fitonisa
                estos rústicos.

Salomón   ¿Y es cosa
                de importancia?

Amón   Desta gente   1670
                hacer caso es vanidad;
                tal vez dirá una verdad
                y después mil veces miente
                    Mas, ¿por qué están embozadas?

Absalón   Es una hermosa pastora   1675
                 la una que injurias llora
                 y la imitan las criadas.

Jonadab   Ella tiene buena flema.

Amón   ¿No la veremos?

Absalón   No quiere,
                 mientras sin honra estuviere,   1680
                 descubrirse.

Jonadab   ¡Lindo tema!

Amón   Ahora bien, con vos me entiendo.
                 Llegáos, mi serrana, acá.

Teuca   Su Alteza pretenderá
                 y después iráse huyendo.   1685

Amón   Bien parecéis, adivina.
                 Llena de flores venís.
                 ¿Por qué no las repartís
                 si el ser cortés os inclina?

Teuca   Estos prados son teatro   1690
                 que representa a Amaltea;
                 mas porque queja no sea
                 a cada cual de los cuatro
                 tengo de dar una flor.

Amón   ¿Y esotra serrana en duda   1695
                 tal? ¿Cómo no habla?

Teuca   Está muda.

Amón   ¿Mudas hay acá?

Teuca   De honor.

Amón   ¿Hay honor entre villanas?

Teuca   ¡Y cómo! Más firme está;
                 que no hay príncipes acá   1700
                 ni fáciles cortesanas.
                    Pero dejémonos desto,
                 y va de flor.

(Saca las flores.)

Amón   ¿Cuál me cabe?

Teuca   Esta azucena suave.

(Dale una azucena y una espadaña.)

Amón   Eso es tratarme de honesto.   1705

Teuca   Yo sé que olerla os agrada;
                 pero no la deshojéis,
                 que la espadaña que véis
                 tiene la forma de espada:
                    y aquesos granillos de oro,   1710
                 aunque a la vista recrean,
                 manchan si los manosean,
                 porque estriba su tesoro
                    en ser intactos: dejaos,
                 Amón, de deshojar flor   1715

con espadañas de amor,
y si la ofendéis, guardáos.

Amón   Yo estimo vuestro consejo.
(Aparte.)   (Demonio es esta mujer.)

Salomón   ¿Qué te ha dicho?

Amón   No hay que hacer   1720
caso; por loca la dejo.

Adonías   ¿Qué flor me cabe a mí?

Teuca   Extraña:
espuela de caballero.

Adonías   Bien por el nombre la quiero.

Teuca   A veces la espuela daña.   1725

Adonías   Diestro soy.

Teuca   Sí, lo sois harto;
pero guardaos, si os agrada,
de una doncella casada.
No os perdáis por picar alto.

Adonías   No os entiendo.

Absalón   Yo me quedo   1730
postrero; id, hermano, vos.

Salomón (Aparte.)   (Confusos quedan los dos.)
(Alto.)   Si acaso obligaros puedo

más conmigo os declarad.

Teuca

Esta es corona de rey,   1735
flor de vista, olor y ley:
sus propiedades gozad;
   que, aunque rey seréis espejo
y el mayor de los mejores,
temo que os perdáis por flores   1740
de amor, si sois mozo viejo.
¡Buena flor!

Jonadab

¡Con su pimienta!

Absalón

¿Cuál me cabe a mí?

Teuca

El narciso.

Absalón

Ese a sí mismo se quiso.

Teuca

Pues tened, Absalón, cuenta   1745
   con él, y no os queráis tanto,
que de puro engrandeceros,
estimaros y quereros,
de Israel seréis espanto.
   Vuestra hermosura enloquece   1750
a toda vuestra nación:
narciso sois, Absalón,
que también os desvanece.
Cortaos esos hilos bellos,
que si los dejáis crecer   1755
os habréis presto de ver
en lo alto por los cabellos.

(Al oído a Teuca.)

Absalón   Teuca, advierte que sí en alto
                         por los cabellos me veo,
                         yo premiaré tu deseo,   1760
                         y a Israel daré un asalto.

(Vase Teuca.)

Amón   Confusos hemos quedado.

Jonadab   Príncipes, alto; a comer.

Absalón (Aparte.)   Sobre el trono me he de ver
                         de mi padre coronado.   1765
                            Muera en el convite Amón,
                         quede vengada Tamar,
                         dé la corona lugar
                         a que la herede Absalón.

(Vase.)

(Sale un pastor.)

Pastor   La comida, que se enfría,   1770
                         a Vuestras Altezas llama.

Amón   De aquesta serrana dama
                         ver la cara gustaría;
                            que me tiene en confusión.

Adonías   No nos hagas esperar.   1775

(Vase.)

Jonadab

Yo no me quiero quedar,
que como con Absalón.

(Vase.)

Amón

    Yo, serrana, estoy picado
de esos ojos lisonjeros
que deben de ser fulleros   1780
pues el alma me han ganado.
    ¿Queréisme vos despicar?

Tamar

Os cansará el juego presto,
y, en ganando el primer resto,
luego os querréis levantar.   1785

Amón

    ¡Buenas manos!

Tamar

            De pastora.

Amón

Dadme una.

Tamar

         Será en vano
dar mano a quien da de mano
y, ya aborrece, ya adora.

Amón

    Llegaréla yo a tomar   1790
pues su hermosura me esfuerza.

Tamar

¿A tomar? ¿Cómo?

Amón

          Por fuerza.

Tamar

¡Qué amigo sois de forzar!

Amón   Basta, que aquí todas dais
           en adivinas.

Tamar   Queremos   1795
           estudiar cómo sabremos
           burlaros, pues que burláis.

Amón   ¿Flores traéis vos también?

Tamar   Cada cual, humilde y alta,
           busca aquello que le falta.   1800

Amón   Serrana, yo os quiero bien:
              dadme una flor.

Tamar   ¡Buen floreo
           os traéis! Creed, señor,
           que hasta perder yo una flor
           no sintiera el mal que veo.   1805

Amón   Una flor he de tomar.

Tamar   Flor de Tamar, diréis bien.

Amón   Forzaréos, dalda por bien.

Tamar   ¡Qué amigo sois de forzar!

Amón   Destapaos.

Tamar   No puede ser   1810

Amón   Ya te digo que he de verte.

Tamar   Aparta.

(Vala a descubrir.)

Amón   Pues desta suerte
lo has de hacer. Vete, mujer.

(Destápala.)

           ¡Ay cielos! ¡Monstruo! ¿Tú eres?
           ¿Quién los ojos se sacara   1815
           primero que te mirara,
           afrenta de las mujeres?
              Voyme y pienso que sin vida,
           que tu vista me mató.
           No esperaba, ¡cielos!, yo   1820
           tal principio de comida.

(Vase.)

Tamar   Peor postre te han de dar,
           bárbaro, cruel, ingrato,
           pues será el último Plato
           la venganza de Tamar.   1825
              Amón, ya ha llegado el día
           en que tu muerte has de ver,
           que agraviada una mujer...

(Dentro Salomón.)

Salomón   ¡Hay tan grande alevosía!

(Dentro Absalón.)

Absalón   La comida has de pagar   1830
                   dándote muerte, villano.

(Dentro.)

Amón   ¿Por qué me matas, hermano?

(Dentro)

Absalón   Por dar venganza a Tamar.

(Descúbrese un mesa con un aparador de plata, y los manteles revueltos, Amón
echado sobre ella con una servilleta, ensangrentado.)

                   Para ti, hermana, se ha hecho
                   el convite: aqueste plato   1835
                   aunque de manjar ingrato,
                   nuestro agravio ha satisfecho:
                   hágate muy buen provecho.
                   Bebe su sangre, Tamar;
                   procura en ella lavar   1840
                   tu fama hasta aquí manchada.
                   Caliente está; tú, vengada,
                   fácil la puedes sacar.
                     A Gesur huyendo voy,
                   que es su rey mi abuelo y padre   1845
                   de nuestra injuriada madre.

Tamar   Gracias a los cielos doy,
                   que no lloraré desde hoy
                   mi agravio, Absalón valiente.
                   Ya podré mirar la gente   1850
                   resucitando mi honor,
                   que la sangre del traidor

es blasón del inocente.
  Quédate, bárbaro, ingrato,
que en venta lo tiene puesto   1855
su sepulcro el deshonesto:
en la mesa, taza y plato.

Absalón   Heredar el reino trato.

Tamar   Guíente los cielos bellos.

Absalón   Amigos tengo, y por ellos   1860
                 como dijo Teuca ayer,
                 todo Israel me ha de ver
                 en alto por los cabellos.

(Vanse, cúbrese la apariencia, y sale David.)

David   ¡Amón, príncipe, hijo mío!
                 ¿Eres tú? Pide al deseo   1865
                 albricias, que los instantes
                 juzgo por siglos eternos.
                 Amón mío, ¿dónde estás?
                 Deshaga al temor los hielos
                 el Sol de tu cara hermosa,   1870
                 recobre su vista un ciego.
                 ¿Si se habrá Absalón vengado?
                 ¿Si habrá sido, como temo,
                 ingrato Absalón conmigo?
                 Pero no, que el juramento   1875
                 ha de cumplir, yo lo fío,
                 y es su hermano, por lo menos.
                 ¡Oh!, ¿qué hago de discurrir?
                 La sangre hierve sin fuego.
                 Mas, ¡ay!, que es sangre heredada   1880

y Amón culpado en efecto.
Absalón ¿no me juró
no agraviarle? ¿De qué temo?
Pero el amor y el agravio
nunca guardan juramento.   1885
La esperanza y el temor
en este confuso pleito
alegan en pro y en contra;
sentenciad en favor, cielos.
Caballos se oyen, ¿Si son   1890
mis amados hijos éstos?
Alma, asomaos a los ojos:
ojos, abríos para verlos:
grillos, echad el temor
a los pies, cuando el deseo   1895
se arroja por las ventanas.
¡Hijos!

(Salen Adonías y Salomón.)

Adonías   ¡Señor!...

David   ¿Venís buenos?
                    ¿Qué es de vuestros dos hermanos
                    Amón y Absalón? ¿Qué es esto?
                    ¿Cómo no me respondéis?   1900
                    ¿Calláis? Siempre fue el silencio
                    embajador de desgracias.
                    ¿Lloráis? Hartos mensajeros
                    mis sospechas certifican:
                    no eran vanos mis recelos.   1905
                    ¿Mató Absalón a su hermano?

Salomón   Sí, señor.

David   ¡Pierda el consuelo
               la esperanza de volver
               al alma, pues a Amón pierdo!
               ¡[Tome] eterna posesión   1910
               el llanto, porque es eterno,
               de mis infelices ojos,
               hasta que los deje ciegos!
               ¡Lástimas hable mi lengua!
               ¡No escuchen sino lamentos   1915
               mis oídos lastimosos!
               ¡Ay mi Amón! ¡Ay mi heredero!
               Búsquese luego a Absalón,
               marchen ejércitos luego
               a buscarle.

Adonías   Señor, mira   1920

David   No hay que aconsejarme en esto.
               ¡Ay Amón del alma mía!
               Tú y Absalón me habéis muerto.

               Fin de la Jornada segunda

Jornada tercera

(Salen Joab, Semey y Jonadab, como hablando en secreto.)

Joab	¿Y dónde está esa mujer?	
Semey	Jonadab, que es quien por ella fue a Balhasor, dirá adonde.	1925
Jonadab	Esperando está aquí fuera ya en el traje israelita disfrazada y encubierta, si bien pudiera excusarlo porque la Naturaleza por la muerte de lo rubio, le dio un luto de bayeta.	1930
Joab	Y, en fin, ¿tenéis ya, Semey, satisfacción de que sepa hablar con el Rey?	1935
Semey	No hay mujer de más alta ciencia ni de más sutil ingenio en el orbe.	
Joab	¿De qué tierra es y qué nombre es el suyo?	1940
Semey	Por patria y por nombre es Teuca.	
Joab	¿Es la fitonisa?	
Semey	Sí,	

que la he tenido encubierta
hasta ver el vaticinio
de los dos qué efecto tenga.   1945

Joab   Que ha de ser de un testamento
cláusula la muerte nuestra
dijo a los dos, yo arrojando
lanzas, vos tirando piedras.
Pero esto ahora no es del caso,   1950
ni yo temo que suceda.
Decidme, ¿está ya advertida
de lo que hoy hacer desea
mi lealtad por Absalón?

Semey   Sí; y antes que entre a la audiencia   1955
os suplico me digáis
qué pretensión es la vuestra.

Joab   Desde aquel infeliz día
que, convertido en tragedia,
la real púrpura de Amón   1960
manchó de Absalón la mesa,
Absalón se fue a Gesur,
haciendo del Rey ausencia,
por ser la provincia donde
Tolomey, su abuelo, reina.   1965
Si se fue Tamar con él
no sé, que nadie [habla] della
en Israel desde el día
que se quejó de la fuerza
a David, y a Balhasor   1970
la envió Absalón: de manera
que ella en poder de su hermano
estará; y cuanto yo quiera

decir desde aquí, ha de ser
conjetura y no certeza.   1975
Yo, viendo, pues, sospechosa
con Absalón mi obediencia,
por sanear la malicia
y desvelar la sospecha,
su venida he pretendido   1980
sin que mi privanza pueda
en la clemencia del Rey,
con ser tanta su clemencia,
hallar entrada al perdón:
que le han cerrado las puertas   1985
en David los sentimientos
y en todo el reino las quejas.
Y, en fin, viendo que no es medio
una pena de otra pena,
ya del ruego despedido,   1990
me valgo de la cautela,
buscando una mujer sabia.
Pues vos me dijisteis della
y ella está informada ya
de lo que mi pecho intenta,   1995
haced que entre a hablar al Rey,
pues no tendrá riesgo el verla,
que en las audiencias las viudas
siempre hablan al rey cubiertas;
que yo le quiero asistir   2000
hablando en la causa mesma
de Absalón al propio instante,
haciendo así la deshecha
por divertir sus discursos.

Semey   El sale ya.

Joab   No nos vea   2005
                 hablando.

Semey   En todo obedezco.
                 Tú, Jonadab, considera
                 que, en habiendo hablado al Rey
                 aquesta mujer, con ella
                 has de volverte a Efraín;   2010
                 y que tiene, es bien que sepas,
                 un espíritu en el pecho.
                 Si acaso llegas a verla
                 furiosa, no hay que temer,
                 que un demonio la atormenta.   2015

Jonadab   Sí, hay que temer, y muy mucho,
                 aun por esa razón mesma.

Semey   Calla, mira que el Rey sale.

(Salen algunos soldados con memoriales, el Rey tomándolos, y Aquitofel.)

Aquitofel   Mi pretensión es aquesta.

David   Ya la merced de la plaza   2024
                 de mi consejo de guerra
                 os he hecho.

Aquitofel   No es, señor,
                 lo que mi pecho desea.

David   Por eso mismo os la he hecho,
                 y porque desta manera   2025
                 advirtáis la obligación
                 que tienen los que aconsejan.

¿Joab de audiencia en la sala?

Joab

Sí, señor; que soy en ella
el primero pretendiente.   2030

David

¿Tú? ¿Qué pretendes?

Joab

               Que tenga
fin de Absalón el enojo.
Dos años ha...

David

           Tente, espera.
No me hables de Absalón.

Joab

Advierte...

David

          Nada me adviertas.   2035
Mirad si hay quien quiera hablarme.

Semey

De negro luto cubierta,
una mujer solicita,
señor, que le des audiencia.

David

Entre, pues.

Joab (Aparte.)

          (¡Quieran los cielos   2040
bien esta industria suceda!)

(Sale Teuca, vestida de luto, echado el manto.)

Jonadab (Aparte.)

(A esta negra endemoniada
¿no le bastará ser negra?)

Teuca

Señor, yo soy una pobre

viuda, que a las plantas vuestras   2045
solicito hallar amparo
contra una grande violencia
que me hacen vuestros jueces;
porque aunque razones tengan
en la justicia fundadas,   2050
tal vez debe la prudencia
moderar a la justicia;
pues no es dudable que sea
tiranía que la ley
a lo qué pueda se extienda.   2055

Jonadab (Aparte.)   (¡Que fuera de ver que ahora
                     la diera la pataleta!)

David   Levantad, decid.

Teuca   Yo tuve
                     dos hijos, señor, que eran,
                     difunto ya mi marido,   2060
                     el consuelo de mis penas.
                     Estos en el campo un día
                     tuvieron una pendencia
                     entre sí... ¡De los primeros
                     hermanos la amarga herencia!   2065
                     No hubo quien los esparciese:
                     de suerte que con la fiera
                     cólera, mató uno al otro.
                     ¡Ah bárbara pasión ciega
                     de la ira, que irritada,   2070
                     ni aun de su sangre se acuerda!
                     Vino a casa el fraticida,
                     pidiéndome que le diera
                     con qué ausentarse porque

la justicia no le prenda.   2075
Yo, viendo ya un hijo muerto,
siendo a un tiempo en mis tristezas
la parte para llorarlas
y la parte contra ellas,
traté de ocultar al vivo   2080
porque entrambos no perezcan.
Los jueces, pues, de Israel
haciendo mil diligencias
buscándole, han pronunciado
contra mí aquesta sentencia: 2085
que entregue a mi hijo o que yo,
porque le he ocultado, muera.
¡Mirad, señor, si es justicia
que llegue a entregar yo mesma
un hijo solo, en quien hoy   2090
las cenizas se conservan
de su padre!; que, aunque he sido
la interesada en la ofensa,
más lo soy en el reparo
de su vida, porque fuera,   2095
perdido uno, entregar otro,
doblar al dolor las fuerzas.
Piedad, gran señor, os pido.

David   No llores, mujer, no temas;
                 que no mereces morir   2100
                 porque a tu hijo defiendas;
                 antes es justa piedad
                 la tuya; y más yerro hicieras
                 si, muerto el uno, acusaras
                 al otro; pues cosa es cierta   2105
                 que hace más el que perdona
                 su dolor que el que se venga.

| Teuca | ¿Eso dices? |

| David | Esto digo,
y una y mil veces mi lengua
repetirá que es piedad   2110
guardarle. |

| Teuca | Luego con esa
razón convencido estás |

| David | ¿De qué? |

| Teuca | De la ira que muestras
tener hoy contra Absalón;
pues, opuesto a tu sentencia,   2115
muerto uno y ausente otro,
quieres que entrambos se pierdan.
Vuelva Absalón a tu gracia,
o verá Israel que yerras
en no hacerlo, pues no obras   2120
lo mismo que tú sentencias. |

| David | Espera, mujer, aguarda,
no porque castigar quiera
tu engaño, mas por saber
si es Joab quien te aconseja   2125
que intentes aqueste juicio.
Dilo, y mira no me mientas. |

| Teuca | Sí, señor. |

| David | Pues vete en paz,
que yo haré lo que convenga. |

Semey
(Aparte a Aquitofel.) (Esta vez de su privanza   2130
                      cae Joab.)

Aquitofel (Aparte.)   (¡El cielo quiera!)

Semey   Ve con ella.

Jonadab   Si va el diablo,
                      ¿para qué he de ir yo con ella?

(Vanse Jonadab y Teuca y Semey.)

David   ¡Joab!

Joab   Yo...

David   No os turbéis; haced
                      que Absalón a verme vuelva;   2135
                      que no es justo pronunciar
                      yo una cosa por bien hecha
                      y hacer otra. Ya lo dije,
                      y ya conozco que es fuerza
                      que, un hijo muerto, otro vivo,   2140
                      llore uno y otro defienda;
                      que si el uno se perdió,
                      nada el enojo remedia,
                      y es justo amparar al otro
                      porque entrambos no se pierdan.   2145

Joab   Dame mil veces tus plantas.

Aquitofel   Pues ya, con esa licencia,

presto Absalón vendrá a verte.

David   ¿Dónde está?

Aquitofel   En tu gran clemencia
                 fiado, pienso que en Hebrón   2150
                 su persona está muy buena.

David (Aparte.) (No es tan malo que él lo esté)
                 como lo es que tú lo sepas.)
(Alto.)   Ve por él, venga al instante.

(Vase Aquitofel.)

(Dentro.)   ¡Viva el gran Rey de Judea!   2155

David   ¿Qué ruido es ese y qué voces?

Joab   Toda la ciudad, que llena
                 de regocijos está
                 como ha corrido la nueva
                 ya del perdón de Absalón.   2160

David   ¡Cómo se ve en tus diversas
                 opiniones, vulgo, que eres
                 monstruo de muchas cabezas,
                 pues lo que ayer acusabas
                 contra Absalón, hoy apruebas!   2165

(Sale Ensay, viejo.)

Ensay   Señor, un pobre soldado
                 soy, tan hijo de la guerra
                 que en ella nací, y espero

morir sirviéndoos en ella.
De vuestro consejo aspiro   2170
a ser: la larga experiencia
de las lides y los años
a esta pretensión me alientan.
Una plaza hay vaca...

David   Ya
a Aquitofel la di, en muestra   2175
de que quisiera obligarle...
(Aparte.)   (por el temor que en mí engendra).
(Alto.)   Pero yo en otra ocasión
premiaré las canas vuestras.

Ensay   ¿A Aquitofel la habéis dado?
¡Plegue a Dios que no suceda   2180
que él premiado, y yo quejoso,
yo os sirva, y él os ofenda!

(Vase.)

(Salen Adonías y Salomón.)

Adonías   La merced que hoy a Absalón
has hecho, es bien que agradezca   2185
nuestra amistad.

Salomón   Y por él
la mano mi amor te besa.

David   El tiempo, que con la sorda
lima de las horas, llega
a asaltar nuestros afectos,   2190
sin que el ruido se sienta,

                    mi sentimiento ha gastado;
                    y si una verdad confiesa
                    el alma, ya Absalón tarda
                    de llegar a mi presencia.   2195

Joab   No mucho, porque parece
                    que esperando la respuesta
                    estaba.

(Tocan chirimías.)

Salomón   Ya por palacio
                    muy acompañado entra.

(Salgan los que pudieren y Absalón y Aquitofel.)

Absalón   ¡Feliz mil veces el día   2200
                    que, tras de tantas tormentas,
                    mi derrotada fortuna
                    al sagrado puerto llega,
                    señor, de tus reales plantas!

David   Alza, Absalón, de la tierra: 2205
                    llega, Absalón, a mis brazos,
                    cuyo cariño sucedan
                    hoy Salomón y Adonías.

Salomón   Con bien, bello Absalón, vengas.

Adonías   El cielo aumente tu vida.   2210

Absalón   Él guarde, hermanos, la vuestra.

David   Por Tamar no te pregunto,

por no despertar en esta
ocasión algún rencor:
ya pues que con tales muestras   2215
habéis visto que le admito,
salíos todos allá fuera;
que entre hijo y padre el perdón
público es justo que sea,
pero no entre padre y hijo   2220
del perdón las advertencias.
Dejadnos solos.

(Vanse todos.)   No dudo,
Absalón, que ahora piensas
entre ti que espero darte
quejas de tu inobediencia   2225
por quedar aquí contigo;
a solas: pues no lo entiendas,
porque no perdona bien
el que, perdonando, deja
nada al temor que decir,   2230
ni que hacer a la vergüenza.
Y para que mires cuánto
al contrario es lo que intenta
mi amor, es darte, Absalón,
satisfacciones, no quejas,
del tiempo que en perdonarte   2235
tardé, Absalón. La primera,
de que es muy cierto que yo
lo deseé con todas veras
más que tú. ¡Ay, cuántas veces
maldije mi resistencia!   2240
Forzosa fue, Absalón mío,
no porque en mí no cupiera
valor para perdonarte
mayores inobediencias,   2245

sino porque temo más
las por hacer que las hechas,
según las cosas que todos
de tu condición me cuentan.
No te quiero referir
las malicias, las sospechas,   2250
los escrúpulos, las dudas
que han llegado a mis orejas
por no obligarme a decirlas;
solo te advierto que sepas   2255
que yo vivo, que yo reino,
que la sagrada diadema
está en mis sienes muy fija,
aunque oprime más que pesa,
y que sabré... Mas no es día   2260
hoy de hablar desta manera.
Nada temo, nada dudo
de tu amor y tu obediencia.
Seamos, Absalón, amigos:
con amorosas contiendas,   2265
con lágrimas te lo pido:
y si no fuera indecencia
desta púrpura, estas canas,
hoy a tus plantas me vieras
humildemente postrado   2270
pidiéndote, puesto a ellas,
pues te quiero como padre
que como hijo me obedezcas;
y porque veas cuán poco
dudando voy tus finezas,   2275
no quiero que me respondas,
porque no pienses ni creas
que yo he podido dudar
cuál ha de ser la respuesta.

(Vase.)

Absalón	¡Qué caduco está mi padre,	2280
	pues cuando sé yo que intenta	
	dar el reino a Salomón,	
	quiere que yo me enternezca	
	de sus lágrimas! Pero antes...	

(Sale Aquitofel.)

Aquitofel	Esperando a que se fuera	2285
	el Rey estuve. ¿Qué ha habido	
	con él?	

Absalón	Mil impertinencias.	
	¿Hay cosa como decirme	
	que el perdonarme agradezca?	
	¿No perdonó a Amón? ¿No es más	2290
	delito hacer una afrenta	
	que vengarla?	

Aquitofel	Sí, por cierto.	
	Y tú, si lo consideras,	
	tienes la culpa.	

| Absalón | ¿De qué? | |

Aquitofel	De que él piense que te deja	2295
	con esa acción obligado.	
	¿Mucho mejor no te fuera	
	haber entrado por armas,	
	haciendo del ruego fuerza?	
	¿No están diversas provincias	2300

ya convocadas? ¿No esperan
para declararse solo
que se toque la trompeta
de tu ejercito en Hebrón?
¿Pues para qué ha sido esta   2305
ceremonia? ¿No sería
acción más prudente y cuerda,
primero que te perdone,
obligarle a que te tema?

Absalón   Verdad es que yo carteado   2310
                 estoy con gentes diversas
                 que, en diciendo que me sigan,
                 veré en la campaña puestas;
                 pero, con todo, he querido
                 reconciliarme con esta   2315
                 fingida amistad, porque
                 hace más segura guerra
                 un enemigo de casa
                 solo que muchos de fuera.
                 Demás de que yo aún no tengo   2320
                 bastante gente que pueda
                 seguirme, y aquí pretendo
                 granjearla con mi asistencia.

Aquitofel   ¿De qué suerte?

Absalón   Desta suerte:
                 ya sabes que las audiencias   2325
                 de Israel siempre se hicieron
                 de la ciudad a las puertas.
                 Saldréme al campo, y en viendo
                 que un pretendiente se queja,
                 ya de mala provisión   2330

ya de contraria sentencia,
le llamaré y le diré
que como a mí me obedezca
le haré justicia. Con esto
los malcontentos es fuerza   2335
que me sigan y me aclamen.

Aquitofel Dices bien, si consideras
a la justicia una y sola,
dos no se ve que la tengan;
y así, de cualquiera causa   2340
haber un quejoso es fuerza
por lo menos.

Absalón   Pues en tanto
que yo hago estas diligencias,
parte tú, y avisa a todos
que a la deshilada vengan   2345
para juntarse en Hebrón.
Tamar está allí encubierta
con la gente de Gesur:
yo la escribiré que venga
acercándose, y verás   2350
enarbolar mis banderas
en Jerusalén, y que
a sangre y fuego hago guerra
a mi padre y mis hermanos,
coronando mi cabeza   2355
de sus laureles.

Aquitofel   Sí harás
si a los malcontentos llevas
tras ti, porque como todos
de sí que merecen piensan,

son pocos los que agradecen   2360
y muchos los que se quejan.

(Vanse.)

(Salen Jonadab y Teuca.)

Jonadab (Aparte.)   (Bien alabarme puedo
de haber tenido a ratos lindo miedo:
que como el de agora,
yendo con esta antípoda de aurora,   2365
jamás le he de tener ni le he tenido.   )

Teuca   ¿En qué vas, Jonadab, tan divertido?

Jonadab   ¿Yo divertido? En nada...
(Aparte.)   (Pues es ir con el diablo a camarada.)

Teuca (Aparte.)   (¡Más causa no tuviera   2370
yo para caminar con saña fiera,
triste, confusa y loca.
por una duda que en el alma toca!)

Jonadab (Aparte.)   (Consigo viene hablando.
Mas ¿qué se va el demonio endemoniando?)   2375

Teuca (Aparte.)   (Si el espíritu grande, que ha vivido
en mí, espíritu de odio y de ira ha sido,
de rencor y discordia,
¿cómo viene de hacer esta concordia
de Absalón y David?)

Jonadab (Aparte.)   (Entre sí habla: 2380
el diablo me parece que se endiabla.)

Teuca (Aparte.)   (¿Yo instrumendo de hacer dos amistades?
                      ¿Yo unir dos tan discordes voluntades?
                      Mas sí, que ya vendrán a iras atroces.)

(Salen Tamar y soldados.)

Tamar   ¿Quién aquí da tan temerosas voces?   2385
                      Mas, ¿no eres Jonadab?

Jonadab   Fuilo algún día;
                      mas ya no soy, señora, quien solía.

Tamar   ¿Tú no fuiste el tercero
                      de aquella afrenta que vengar espero,
                      como ya en mi enemigo   2390
                      hoy en toda Israel, siendo testigo
                      la gran Jerusalén de mis hazañas?

Jonadab   Yo fuí un criado, usé de mis marañas,
                      pero ya un santo soy.

Tamar   ¿De dónde vienes
                      por aquí? ¿Qué das voces? Dí, ¿qué tienes?   2395

Jonadab   Yo aqueste negro día,
                      con esta negra compañera mía,
                      aqueste negro monte atravesaba.
                      Cuál fue el negro camino que llevaba,
                      ella te lo dirá.

Tamar (Aparte)   Aqueste criado,   2400
                      pues vino a mi poder

Jonadab   ¡Ay, desdichado!

Tamar (Aparte.)   Prenderé.
(Alto.)   ¿Teuca?

Teuca   ¡Oh Tamar divina!

Tamar   ¿De dónde por aquí tu pie camina?

Teuca   De hablar vengo a David en su consejo.
                   Hechas las paces del y Absalón dejo.   2405

Tamar   Mucho gusto me has dado
                   en decir que quedó reconciliado
                   mi hermano con el Rey, porque no dudo
                   que esta fingida paz disponer pudo
                   sus intentos mejor y mis intentos,   2410
                   que han de ser escarmientos,
                   según nuestra esperanza,
                   de su hermosa ambición y mi venganza.
                   Sus órdenes espero
                   en el Hebrón, ceñido el blanco acero,   2415
                   la gente de Gesur capitaneando,
                   con las tribus que ya se van juntando;
                   aunque la fama diga
                   que mi pasada ofensa a esto me obliga.
(A los suyos.)   Y pues ya ese criado   2420
                   a saber mis designios ha llegado,
                   porque no pueda dar ningunas señas,
                   de lo alto le arrojad de aquellas peñas:
                   atadle atrás las manos.

Jonadab   ¡Suerte dura!

(Dentro voces.)

Voces   ¡Al valle!

Otros   ¡Al monte!

Soldados (Dentro.)   ¡A la espesura!   2425

Tamar   Oid, esperad, ¿qué crudo acento
                   en cuatro partes despedaza el viento?

Jonadab   Yo iré a saber lo que es.

Teuca   Aquella cumbre
                   corona una confusa muchedumbre,
                   y aquel bosque guarnece   2430
                   otro escuadrón, y por allí parece
                   que el monte gente aborta
                   y otra tropa el camino después corta.

Tamar   Si gente aquesta fuera
                   de guerra, sordamente no viniera   2435
                   marchando. Pues así llegar previene
                   donde estoy, a prenderme, ¡ay de mí!, viene.
                   Pero mi vida venderé primero,
                   bien recateada a golpes de acero:
                   que no me dan temores gentes tantas.   2440

(Sale Aquitofel con una carta.)

Aquitofel   Todos alto aquí haced. Dame tus plantas.

Tamar   ¡Aquitofel amigo!

Aquitofel	Humano girasol, los rayos sigo
	del Sol de tu hermosura.
	Aquesta es de Absalón.

| Tamar | Lo que procura | 2445 |
| | veré. |

Aquitofel (Aparte.)	(La fitonisa ¿no es aquélla?
	Ya me huelgo de vella
	por ver lo que aquel hado me apercibe.)

Tamar.	Oye lo que Absalón aquí me escribe:
	«Yo quedo previniendo	2450
	gente infinita que me va siguiendo:
	la que al Hebrón llegare
	hoy con Aquitofel, ni un punto pare
	sino con toda ella
	a la ciudad te acerca, Tamar bella.	2455
	Ni trompeta se toque
	ni parche se oiga que a la lid provoque,
	sino venga tan quedo,
	que piensen que es su general el miedo.
	Yo la estaré esperando	2460
	en la campaña del Hebrón, y cuando
	la descubra y con salva la reciba,
	embistan, repitiendo: ¡Absalón viva!,
	porque así, con el súbito desmayo,
	sin avisar el trueno, venga el rayo».	2465
	Esto escribe mi hermano
	por quien honores tan crecidos gano,
	y porque vea cuánto reverencio
	sus órdenes, la mía sea el silencio.

| Teuca | Yo te quiero seguir. |

Tamar   Ese criado   2470

Jonadab (Aparte.)   (Ya pensé que de mí se había olvidado.)

Tamar   sea el primero que muera.

Teuca   Suplicarte quisiera
                    que por haber conmigo aquí venido

Jonadab   Siempre fue este color agradecido.   2475

Teuca   No muera.

Tamar   Norabuena; quede preso
                    porque avisar no pueda del suceso;
(Átanle los soldados.)   y la gente, esparcida,
                    marche en pequeñas tropas dividida;
                    que si con ella a las murallas llego   2480
                    Jerusalén verá que a sangre y fuego
                    sus almenas derribo,
                    sus torres postro, su palacio altivo
                    ruina sin polvo yace.
                    Póngase el Sol caduco, pues que nace   2485
                    joven otro que da rayos más bellos
                    con el crespo esplendor de sus cabellos.

(Vase.)

Jonadab   Pues, ¡qué! ¿preso he de estar?

Aquitofel   Soltad, que quiero
                    sea mi prisionero.

| Jonadab | Pues haz que este cordel, señor, me quiten, | 2490 |

y no sañudos contra mí se irriten.

Aquitofel   Sí harán, y allí me espera.

(Desátanle.)

Jonadab   ¡El diablo que esperara y no se fuera,
ya que el cordel me quita
tu piedad!

Aquitofel (A Teuca.)   Oye.

| Teuca | Dí, ¿qué solicita | 2495 |

tu voz?

Aquitofel   Saber quisiera
que me quiso decir, ¡oh pena fiera!,
la voz que horrible pronunció tu acento:
¿que el aire había de ser mi monumento?

| Teuca | No lo sé, porque ahora | 2500 |

no me dicta el espíritu que mora
en mi pecho; mas viendo
ese lazo en tus manos hoy, entiendo
como entre pardas sombras de algún sueño

| que ese cordel anda a buscar su dueño. | 2505 |

Aquitofel   Pues si su dueño busca
ya le halló: ni me admira ni me ofusca,
porque así ser espero,
coronado Absalón, el juez primero.

| Que contra la malicia | 2510 |

en mi su dueño tenga, pues justicia

he de hacer: teman todos su castigo,
que va el ministro del rigor conmigo.

(Vanse.)

(Salen Absalón y Ensay.)

Absalón   A esta sala os he traído
              por estar más sola, a donde   2515
              mi amistad, que corresponde
              a lo bien que habéis servido,
                 premiaros quiere. Yo sé
              que de mi padre quejoso
              estáis, y yo, cuidadoso,   2520
              por veros viejo, de que
                 ningún vasallo se queje,
              pretendo satisfacer
              a todos; y así, he de hacer
              que la razón vuestra deje   2525
                 en mis manos el reparo
              de tan justo sentimiento;
              y así premiaros intento.

Ensay   Eres príncipe y amparo
                 deste pobre humilde viejo.   2530

Absalón   Si él cuando no os satisfizo
              de su Consejo no os hizo,
              yo os hago de mi consejo.

Ensay   Eso no entiendo, que vos
              ¿qué tribunales tenéis?   2535
              ¿De qué ministro me hacéis?

Absalón   Solos estamos los dos;
                   y así más claro hablar quiero.
               Todo el tiempo lo mejora
               aunque no los tengo ahora,   2540
               presto tenerlos espero.

Ensay   Vivo el Rey, no será ley
               que yo este cargo reciba.

Absalón   Si es el daño que el Rey viva,
               presto no vivirá el Rey.   2545

Ensay   Su larga edad yo confieso
               que a los umbrales está
               de la muerte; pero ¿ya
               sabéis que os nombre?

Absalón   Por eso
                   me quiero nombrar yo a mí,   2550
               que nieto de reyes soy;
               y pues declarado estoy
               con vos, advertid que aquí
                   ya tengo echada la suerte.
               Palabra me habéis de dar   2555
               de mi persona ayudar
               o yo os he de dar la muerte.

Ensay (Aparte.)   (¿Quién en más dudas se vio?
               ¿Qué puedo hacer? ¡Ay de mí!
               Traidor soy si digo sí;   2560
               muerto soy si digo no.
                   Mas ¿qué dudo? ¿Cuánto es
               más grave dolor, más fuerte
               una infamia que una muerte?

Mas iay, triste!, que después   2565
    de muerto yo, no podrá
    David saber lo que ignora;
    y así conceder ahora
    conviene con él.)

Absalón   ¿Qué está
    tu imaginación dudando?   2570

Ensay   Cosas que tan grandes son,
    siempre la imaginación
    las escucha vacilando:
      no porque dude, señor,
    cuál ha de ser mi respuesta.   2575

Absalón   Pues dí cuál ha de ser.

Ensay   Esta:
    que hacienda, vida y honor
      siempre a tus plantas pondré,
    y me huelgo de que haya
    ocasión en que yo vaya   2580
    vengado del Rey, porque
      tan mal premia mis servicios.
    Tuyo he sido, y tuyo soy,
    por ti vivo desde hoy.

Absalón   De tu valor son indicios   2585
      todos aquésos; y así,
    vete a casa, y ten armados
    tu persona y tus criados,
    y en el instante que aquí
      se diga: «iViva Absalón!»,   2590
    que ésta es la señal, saldrás,

y la parte seguirás
que me aclame.

(Sale Salomón.)

Ensay   Salomón
viene allí.

Absalón   No entienda nada.
Retirémonos los dos.   2595

Ensay (Aparte.) (Avisaré, vive Dios,
al Rey.)

Absalón   Vete a tu posada,
que yo salgo a prevenir
la gente que presto espero
de Hebrón, y regirla quiero.   2600
Valor: ¡reinar o morir!

(Vanse los dos.)

Salomón   Las amistades que ha hecho
mi padre con Absalón,
aunque para mí no son
de enojo, turban mi pecho,   2605
temiendo que estorbar trate
la feliz elección mía,
y ya que no aqueste día
la deshaga, la dilate:
y así, a mi padre hablar quiero   2610
de parte de Bersabé
en mi pretensión, porque
de la dilación infiero

peligro; durmiendo está
no es justo que le despierte.   2615

(Córrese una cortina y se descubre a David durmiendo.)

David   Hijo, no me des la muerte

Salomón   Su notable inquietud da
                indicio de algún cansado
             sueño: despertarle es bien,
             no sus sentidos estén
             en letargo tan pesado.   2620
                ¡Señor!

David   ¡Qué extraño rigor!
             Hijo, ¿tú mi ruina tratas?
             ¿Tú me ofendes? ¿tú me matas?

(Despierta David.)

Salomón   Yo te despierto, señor,   2625
                porque tu quietud pretendo
             al verte inquieto; mas no
             porque imagines que yo
             ni te mato ni te ofendo.

David   ¡Ay hijo del alma mía!   2630
             ¡Qué triste y funesto sueño
             me puso en mortal empeño
             este instante que dormía!
                Pero ya con estos lazos,
             todo el sobresalto acaba: 2635
             dormido, uno me mataba;
             despierto, otro me da abrazos.

Y así, a Dios dar gracias quiero,
pues piadoso ha permitido
que el pesar sea el fingido   2640
y contento el verdadero.

Salomón   Pues, ¿qué soñabas?

David   No sé;
delirios y fantasías,
sombras de mis largos días.

Salomón   Cuéntamelo a mí.

David   Sí haré: 2645
gusto en contarlo reciba,
pues solo es que gente entraba
por Jerusalén, soñaba,
repitiendo...

(Dentro cajas.)

Todos (Dentro.)   ¡Absalón viva!

David   ¡Ay de mí! ¿Qué es lo que he oído?   2650

Salomón   Escándalo es de horror fiero.

David   Ya el pesar es verdadero
y el contento es el fingido.

(Sale Ensay con la espada desnuda.)

Ensay   David, infelice Rey
de Israel, aunque agora llegue   2655

mi voz a avisarte tarde
de los peligros que tienes,
sabrás que Absalón, juntando
grande número de gentes,
ha entrado por la ciudad,   2660
publicando a voces leves
todos que...

(Dentro voces.)

Todos (Dentro.)   ¡Viva Absalón!

Ensay   Con él Aquitofel viene:
mira a quien premias allí
y mira aquí a quien ofendes,   2665
pues él tu muerte apresura
y yo defiendo tu muerte.
No pude avisarte antes;
mas para que tengas siempre
avisos de sus designios   2670
en cuanto te sucediere,
voy a ser traidor leal.
Los que en su bando me vieren
sepan que, aunque esté con él,
tú de tu parte me tienes.   2675

(Vase.)

David   Escucha, Ensay, aguarda.

(Salen Adonías y Semey.)

Adonías   Señor, un punto no esperes,
que es un volcán la ciudad

que humo exhala, llamas vierte.

Ensay   Escollo es del Mar Bermejo   2680
               ya todo el muro eminente,
               pues sobre sangre fundado
               golfo de carmín parece.

David   Pues ¿qué espero? Yo el primero
               saldré de donde...

(Sale Joab.)

Joab   Aguarda, tente,   2685
               señor, no salgas, porque
               ya conoces que la plebe
               monstruo es desbocado: no hay
               prevenciones que la enfrenen
               cuando su mismo furor   2690
               la obliga a que se despeñe.
               La novedad al principio
               la alimenta, y fácilmente
               dejándose llevar della,
               de instantes a instantes crece.   2695
               Déjala, pues, que en sí misma
               este primer golpe quiebre,
               hasta que, rendida ya,
               caiga en los inconvenientes.
               Huye a la primera instancia   2700
               el rostro, señor: advierte
               que, como desprevenida
               de tan súbito accidente
               la ciudad estaba, toda
               a un crujido se estremece.   2705
               Los traidores y leales,

	mezclados confusamente	

mezclados confusamente
no se distinguen, porque,
neutrales e indiferentes,
los más están a la mira;   2710
que, en comunidades, siempre
el traidor es el vencido
y el leal es el que vence.

David   ¿Qué riesgo hay como esperar
                 sin resistencia la muerte?   2715

Joab   Nosotros defenderemos
                 todas estas puertas: vete
                 por ésa, que sale al monte.

Salomón   A precio de nuestras muertes,
                 defenderemos tu vida.   2720

David   ¡Ay hijo! ¡Qué mal pretende
                 vuestro valor que yo solo
                 me escape, y a todos deje!
                 O huyamos todos, o todos
                 muramos.

Joab   Si eso resuelves,   2725
                 menos importa el huir
                 que aventurar solamente
                 tu vida. Esto no es temor;
                 que como tú vivo quedes,
                 con tu valor y tu vida   2730
                 todo harás que se remedie.

David   Pues venid conmigo todos.
                 ¿Quién creerá que desta suerte

huyendo sale David
de su alcázar eminente?   2735
¡Ay mi Absalón, y qué mal
me pagas lo que me debes!

(Vanse.)

(Tocan al arma, y sale Jonadab.)

Unos (Dentro.)   ¡Viva David!

Jonadab   ¡David viva!

Otros (Dentro.)   ¡Viva Absalón!

Jonadab   Viva y reine,
que yo no pienso matarme   2740
porque viva aquél ni éste.
Soldado sin ejercicio
he de ser, como otras veces;
que esta es espada capona,
que solo el título tiene   2745
y no la entrada en las lides,
que no hay puerta que abra o cierre.

(Salen Absalón y los suyos.)

Absalón   Entrad, y no quede vivo
quien a voces no dijere:
¡Viva Absalón!

Jonadab   ¡Absalón   2750
viva! Que por mí no quede.

Aquitofel   Ya rendida la ciudad,
                     señor, a tu nombre tienes,
                     y aun la campaña, pues queda
                     Tamar allá con las huestes.   2755

Absalón   Guarnézcanse las murallas
                     todas luego de mis gentes
                     mientras el palacio allano.

Aquitofel   El cuarto del Rey es éste.

Absalón   No escape de muerto o preso.   2760

Ensay   Tarde ese triunfo previenes,
                     que al monte huyendo ha salido.

Absalón   ¡Descuido fue que no hubiese
                     las puertas tomado!
(Dentro.)   ¡Viva
                     David!

Absalón   ¿Qué es eso?

Aquitofel   La gente   2765
                     que, en seguimiento del Rey,
                     salir al monte pretende.

Ensay   Sola dejan la ciudad:
                     niños, viejos y mujeres
                     se van saliendo a los montes.   2770

Absalón   ¿Cómo haremos que esto cese?,
                     que los reyes sin vasallos
                     no pueden llamarse reyes.

Aquitofel   Señor, como entre hijo y padre
               estos escándalos siempre   2775
               paran en paces, y al fin
               el odio en amor se vuelve,
               muchos hoy no se declaran
               de tu parte, porque temen
               que tú quedes perdonado   2780
               y ellos por traidores queden;
               y así, para asegurallos
               más, fuera cierto que hicieses
               una demostración tal
               que no fuere eternamente   2785
               posible volver a ser
               amigos; vieras que, en breve,
               todos tu nombre aclamaban.

Absalón   ¿Qué acción esa fuera?

Ensay (Aparte
a Absalón.)   (Advierte:
               que de Aquitofel consejo   2790
               no admitas que te despeñe.)

Aquitofel   Sobre injurias, sobre agravios,
               sobre afrentas, sobre muertes,
               sobre engaños y traiciones
               caer las amistades suelen.   2795
               Una cosa sola hay
               sobre que caer no pueden,
               pues nunca caen amistades
               sobre celos solamente,
               porque no es noble ni honrado,   2800
               ni entendido ni valiente

el hombre que a la amistad
de quien le dio celos vuelve;
y más celos del honor
que es duelo que el alma ofende.   2805
Pues, siendo así, en ese cuarto
están todas las mujeres
concubinas de tu padre...

Absalón   No prosigas, cesa, tente.
Ya te he entendido: eso baste,   2810
que hay cosas que no parecen
tan mal hechas como dichas.
En él mis soldados entren
y sin reservar alguna
a la gran plaza las lleven,   2815
que hoy he de asombrar al mundo.

(Vase Absalón.)

Jonadab   Ea, mondongo me fecit.

(Vase.)

Ensay   ¿Qué fiera, qué monstruo airado
que obrase irracionalmente
tan torpe consejo diera?   2820

Aquitofel   ¿No sabes cuán pocas veces
la dura razón de Estado
con la religión conviene?
Aquesto a la duración
desta enemistad compete.   2825

Ensay   Más compete a la malicia

de tus intentos aleves.

Aquitofel   Mis intentos son leales,
                   pues asegurar pretenden
                   la corona en rey que sea   2830
                   justiciero eternamente.

Ensay   Sí, mas con tales insultos...

Aquitofel   Sospechas, Ensay, ofreces
                   de que estás con Absalón
                   neutral.

Ensay   De esto antes se infiere   2835
                   que le quiere para rey
                   el que perfecto le quiere.

Aquitofel   ¿Puede no ser tiranía
                   todo esto?

Ensay   No, pero puede,
                   siendo tirano y piadoso,   2840
                   no ser tirano dos veces.

(Suena ruido dentro y dice Absalón.)

Absalón   Ya las puertas derribadas
                   están: los soldados entren,
                   y por las calles y plazas
                   a la vergüenza las lleven.   2845

Ensay   ¡Oh, mal hayan tus consejos!

Aquitofel   Agradece a Dios que vuelve,

que yo te diera a entender
con cuánto riesgo me ofendes.

(Sale Absalón.)

Absalón   ¿Qué es aquesto? ¿Que dais voces?   2850

Aquitofel   Ensay, señor, que quiere
               enmendar acciones tuyas.

Ensay   Así es, que como me tienes
               hecho consejero tuyo,
               a mí solo pertenece.   2855

Absalón   Pues ¿qué decías?

Ensay   Señor,
               pues entras a reinar, que entres
               ganando al principio afectos
               de piadoso y de clemente;
               que una monarquía fundada   2860
               en rigor, no permanece,
               pues el mismo la deshace
               que fortalecerla quiere.

Absalón   Dices bien, pero ya es tarde.
               Mas porque el tiempo se pierde,   2865
               decidme los dos, dejando
               competencias, ¿qué os parece
               que debo hacer ahora yo?
               Jerusalén obediente
               está a mis armas; mi padre,   2870
               huido, penetra y trasciende
               las entrañas de los montes:

¿será bien que hoy aquí quede
la ciudad asegurando
o será mejor que intente   2875
irle siguiendo el alcance?

Aquitofel   Lo que aconsejarte debe
mi lealtad, es que le sigas,
le prendas y le des muerte;
y porque a todo se acuda   2880
a un tiempo mismo igualmente
quédate tú en la ciudad;
que yo con alguna gente
le seguiré.

Ensay (Aparte.)   (¡Oh si pudiera
dar yo lugar a que huyese!)   2885
(Alto.)   Señor, las buenas fortunas
aventurarse no deben,
y conservar lo ganado
es la batalla más fuerte.
Ya la gran Jerusalén   2890
hoy supeditada tienes;
si sacas la gente della
habrá dos inconvenientes:
uno, que al mirar que hay menos
que la guarden, que la cerquen,   2895
los neutrales podrá ser
que a alguna facción se alienten;
otro, que si por ventura
el que hoy a David siguiere
en lo encumbrado del monte   2900
un solo soldado pierde,
desmayarán los demás
si ven que al principio vuelve

con la pérdida menor
solo un paso atrás; y advierte,   2905
que todo en un día no cabe,
basta una victoria en éste;
mañana podrás seguirle.

Absalón   Tú aconsejas cuerdamente;
no solo mi consejero   2910
eres, Ensay, mas ya eres
juez de Israel.

Aquitofel   ¿Ese cargo
ofrecido no me tienes?

Absalón   ¡Oh, qué presto, Aquitofel,
ejecutarme pretendes   2915
por lo que has hecho por mí!
¡Puntual acreedor eres!

Aquitofel   Acreedores reconozco
que [al] quitar y poner reyes
podrán...

Absalón   Mañana hacer otro: 2920
¿Esto es lo que decir quieres?
Vente conmigo, Ensay;
y tú, Aquitofel, advierte
que valerse de un traidor
no es bueno para dos veces.   2925

(Vanse.)

Aquitofel   ¿Que esto escuche yo de quien
esperé tantas mercedes?

¿Baldones son recompensas?
¡Qué rigurosa, qué fuerte
la víbora de la envidia   2930
en el corazón me muerde!
Sin vida estoy, sin aliento:
que se me eclipsa parece
el Sol, la tierra me huye,
y el mismo viento me ofende.   2935
El corazón a pedazos
salirse del pecho quiere,
aborreciendo el vivir,
amando la acerba muerte.
Este áspid que en el seno   2940
(Saca el cordel.)   abrigué (¡ay de mí!) me muerde;
no en vano me dijo Teuca
que andaban estos cordeles
buscando su dueño en mí.
Ministro soy de mi muerte;   2945
que pues ya no hay que esperar
de Absalón, que me aborrece,
ni de David, que aborrezco,
mejor es que desespere.
Deme monumento el aire,   2950
y la tierra me le niegue;
que quien pendiente de un hombre
en vida estar quiso, en muerte
será justo que un cordel
le deje al aire pendiente.   2955

(Vase Aquitofel.)

(Salen Adonías, Joab, Salomón y David.)

Salomón   Esto es, señor, del monte lo más fuerte.

Adonías   Esto es lo más secreto y escondido.

Joab   Aquí de los amagos de la muerte,
                 si no seguro, espera defendido.

David   ¿Quién creerá, ¡ay infeliz!, que desta suerte   2960
                 a pie, cansado, solo y perseguido
                 David camina, de Absalón huyendo?
                 Salid sin duelo, lágrimas, corriendo.

Adonías   De la ciudad mil gentes han salido
                 siguiéndote, señor.

Salomón   Por todo el monte   2965
                 el número está en tropas dividido.

Joab   Aquí a esperar y a descansar disponte,
                 en tanto que nosotros, discurrido
                 con nuestra diligencia el horizonte,
                 los vamos en escuadras recogiendo.   2970

David   Salid sin duelo, lágrimas, corriendo.
                   Id, pues, a reducillos y a traellos,
                 no porque asegurarme yo pretenda,
                 mas porque se aseguren mejor ellos
                 unidos, y el rigor no los ofenda.   2975

Joab   Yo a reducillos voy y recogellos.

Adonías   Todos iremos.

Salomón   Cada cual su senda
                 elija, y vaya el monte discurriendo.

(Vanse.)

David

Salid, Sin duelo, lágrimas, corriendo.
  ¡Ay Absalón, hijo querido mío,   2980
cómo procedes mal aconsejado!
No lloro padecer tu error impío,
mas lloro que no seas castigado
de Dios; a Él estas lágrimas envío
en nombre tuyo, porque perdonado   2985
quedes de la ambición que a esto te indujo.

(Sale Semey.)

Semey
(Aparte.)

¡Mal haya quien a padecer nos trujo!
  (Mas, ¡ay de mí, que él solo retirado
está! Mas, ¿si habrá mi voz acaso oído?)

David

Sí, pero no te dé, Semey, cuidado,   2990
El dolor te disculpa que has tenido.
Tienes razón; pero maldice al hado,
no a mí, pues que la culpa yo no he sido
sino el hado.

Semey

            ¡Conmigo y con él medras!
Será que contra ti me arme de piedras.   2995

David

  Tira, pague la pena merecida,
pues apedrearme es justo mi vasallo.

Semey

Contento no estaré si con tu vida
vengado de mis manos no me hallo.

(Sale Ensay.)

Ensay   ¿Qué haces, infiel, sacrílego homicida?   3000
                     ¿Piedras contra tu Rey? Ya castigallo
                     me toca, pues llegué...

David   No lo pretendas,
                     y pues yo le perdono, no le ofendas.

(Vase Semey.)

                        ¡Ah Semey!, no de mi vista huyas,
                     que palabra te doy de no vengarme   3005
                     en mi vida de ti y las iras tuyas.
                     Ministro eres de Dios, que a castigarme
                     envía, y pues que son justicias suyas,
                     en mi vida de ti no he de quejarme.
                     Dime tú ahora, amigo, qué ha pasado.   3010

Ensay   Que ya en Jerusalén se ha coronado
                        Absalón.

David   ¡Ojalá del mundo fuera
                     Jerusalén metrópoli eminente,
                     porque de todo el mundo señor fuera
                     mi Absalón, coronando la alta frente!   3015

Ensay   Tan tarde ser amigo tuyo espera,
                     que al culto de tu honor más reverente
                     se atrevió, pues violando...

David   No prosigas,
                     y si es lo que imagino no lo digas:
                        no lo quiero saber, porque no quiero   3020
                     que el dolor a decir ¡ay Dios! me obligue

alguna maldición, pues aún espero
que el cielo le perdone y no castigue.

Ensay   Consejo fue de Aquitofel el fiero;
mas ya desesperado...

David   ¡Ay Dios!, mitigue,   3025
Señor, vuestra justicia su castigo.

Ensay   Se mató a sí tu bárbaro enemigo.
   Absalón la batalla hoy te previene,
que por mí desde ayer fue dilatada:
contra ti, gran señor, al monte viene   3030
la hueste suya de furor armada;
ya quedarme contigo me conviene,
mi vida a tu defensa dedicada.

(Tocan, salen Joab, Adonías y Salomón.)

Joab   La gente está dispuesta ya en tres haces.

David   Muy bien, Joab, en disponerla haces;   3035
   pues que Absalón a darnos la batalla
viene; yo moriré el primero en ella.

Joab   No, señor: tu persona, si se halla
aquí, todo se pierde con perdella.

Salomón   No es seguro, señor, aventuralla: 3040
los dos bastamos para defendella.

David   Si os veo peligrar, hijos queridos,
nueva guerra daréis a mis sentidos;
   pues si de todas partes considero

mis hijos en la lid, es cosa clara 3045
que buen suceso para mí no espero,
pues el brazo que tira, el que repara,
uno es mismo; y así, con un acero
vendré a morir en confusión tan rara
si cualquier golpe contra mí se ofrece, 3050
siendo persona que hace y que padece.

Joab   Dices muy bien: retírense contigo
Salomón y Adonías.

Salomón   No consientas
injuria tal...

David   Haced lo que yo os digo.

Adonías   Nuestra reputación con eso afrentas. 3055

David   Ya que el campo divides, Joab amigo,
en tres trozos, y así esperar intentas,
tú el uno Abisay, y Ensay los otros
regid.

(Tocan un clarín dentro.)

Joab   Ya el clarín suena.

David   Pues nosotros
nos retiramos. Sal a recebillos. 3060
Hijos, venid.

Salomón   ¡Que así encerrarnos quieras!

David   La batalla darán nuestros caudillos.

Adonías   ¡Qué injusta prevención, Joab, esperas!

(Dentro clarín y caja.)

Ya bélicos acentos, para oillos
se acercan, ya se miran las banderas.   3065

David   ¡Joab!

Joab   Señor...

David   Pues que mi honor te fío,
advierte que Absalón es hijo mío:
  guárdame su persona; no el despecho
de la gente matármele pretenda,
que es todo el corazón de aqueste pecho,   3070
destos ojos la más amada prenda.
Mírame tú por él, porque sospecho
que moriré si hay alguien que le ofenda.

Joab   Mira que de la lid ya empieza el brío.

David   Mira tú que Absalón es hijo mío.   3075

(Vanse David, Salomón y Adonías por un lado, Joab, Ensay y soldados por otro,
y dentro tocan cajas, y dándose la batalla, se descubre Absalón en un caballo.)

Absalón   Fugitivos israelitas,
que en los bárbaros desiertos
de los montes amparáis
una vida que aborrezco,
salid, salid a lo llano,   3080
que la batalla os presento,

porque vasallos dos veces
seáis de mi sangre y mi esfuerzo.
Decid a David, mi padre,
(que no ha de dejar de serlo,   3085
siguiéndole, por hacer
más grande mi atrevimiento)
que si se acuerda de cuando
joven era, y en su pecho
duran algunas reliquias   3090
de aquel pasado ardimiento,
que no se esconda de mí,
que en la campaña le espero
por afrentar con su muerte
la corona y el imperio.   3095
Decir que traiga a sus hijos
consigo, porque en muriendo
él a mis manos, acabe
de una vez con todos ellos.
¡Al arma, soldados míos!   3100
Y a los trabados encuentros
gima la tierra oprimida,
brame fatigado el viento.

(Tocan clarines, y cajas, y se da la batalla, entrando y saliendo algunos, peleando.)

Dentro todos   ¡Guerra, guerra!

Unos   ¡Absalón viva!

Otros   ¡Viva David, que es Rey nuestro!   3105

Absalón   ¡Qué miro! Allí un escuadrón
                    que el monte tenía encubierto,

salió de través, y hace
notable daño en los nuestros.
Acudid a socorrerle.   3110
Oh tú, de tierra y de viento
bruto veloz, que has nacido
monstruo de dos elementos,
corre y vuela, que los tuyos
perecen, a socorrellos.   3115
Mas, ¡ay de mi!, desbocado,
sin obedecer al freno,
por la espesura se entra
de las encinas, que en medio
se me ponen (¡ay de mí!).   3120
¿Qué es esto, cielos, qué es esto?
¡Que en las copadas encinas
se me enredan los cabellos!

(Da vueltas el caballo, tocan al arma, salen Ensay, Joab y soldados con lanzas.)

Dentro todos   ¡Guerra, guerra!

(Dentro.)

Unos   ¡Absalón viva!

Otros   ¡Viva David que es Rey nuestro!   3125

Ensay   No sigas, Joab, el alcance
                    sin que te pare el portento
                    que he visto en aqueste monte.

Joab   ¿Qué has visto?

Ensay   A Absalón pendiendo

| | de sus cabellos asido, | 3130 |
| | teniendo por patria el viento. | |

Joab   Pues si le viste, ¿por qué
       no le atravesaste el pecho
       con una lanza? Tuvieras
       de mí innumerables premios.   3135

Ensay Por todo el oro del mundo
       no le tocara en un pelo;
       que es hijo de mi Rey, y él
       nos mandó a todos lo mesmo.

Joab   Menos una vida importa,   3140
       aun de un príncipe heredero,
       que la común inquietud
       de lo restante del reino.
       La justa razón de Estado
       no se reduce a preceptos   3145
       de amor: Yo le he de matar.
       Desvanecido mancebo,
       muere, aunque el Rey me mandó
       que no te tocase.

(Tírale la lanza.)

Absalón (Dentro.)   ¡Ay cielo!

Joab   Aún está vivo; dadme otra.   3150
       De Israel narciso bello,
       muere en el aire.

(Tírale otra.)

Absalón (Dentro.)   ¡Ay de mí!

Joab   Aun con dos no estoy contento;
                       tres son las que contra ti
                       me manda blandir el cielo;   3155
                       por fraticida la una,
                       la otra por deshonesto,
                       y la otra por ser hijo
                       inobediente.

(Descúbrese Absalón, como pendiente de los cabellos, con tres lanzas atravesadas.)

Absalón   ¡Yo muero,
                       puesto, como el cielo quiso,   3160
                       en alto por los cabellos,
                       sin el cielo y sin la tierra,
                       entre la tierra y el cielo!

Joab   Israelitas, suspended
                       los repetidos acentos,   3165
                       y venid todos, venid
                       a ver tan raro portento.

(Salen todos.)

Ensay   ¡Qué espectáculo tan triste!

Teuca   Cumplió su promesa el cielo.

Semey   Huyendo venía del Rey   3170
                       y esto me para suspenso.

Jonadab   Bellotas de aquesta encina

no comeré, aunque soy puerco:
diréle el suceso al Rey
como si él fuera muy bueno.   3175
¿Qué va, que aunque voy despacio,
con esta nueva voy presto?

(Vase.)

(Sale Tamar.)

Tamar   Crueles hijos de Israel,
               ¿que estáis mirando suspensos?
               Aunque merecido tengan   3180
               este castigo los hechos
               de Absalón, ¿a quién, a quién
               ya no le enternece el verlo?
               Cubridle de hojas y ramos,
               no os deleitéis en suceso   3185
               de una tragedia tan triste,
               de un castigo tan funesto;
               que yo, por no ver jamás
               ni aún los átomos del viento,
               iré a sepultarme viva   3190
               en el más oscuro centro
               donde se ignore si vivo
               pues que se ignora si muero.

(Vase.)

Teuca   Y yo también desde hoy
               en su ley seguirla quiero;   3195
               que es grande Dios el que sabe
               medir castigos y premios.

(Vase.)

(Salen David, Salomón y Adonías.)

David   ¡Ay hijo mío, Absalón,
               no fuera yo antes el muerto
               que tú!

Joab   Llorando David   3200
               viene: de mirarle tiemblo.

Semey   Yo también, que cometí
               contra él tan grande sacrilegio.

Joab   Señor...

David   Joab, nada me digas,
               ya sé que el vencedor quedo   3205
               Toda la victoria diera
               de una vida sola en precio...
               Semey, ¿tú estabas aquí?

(De rodillas.)

Semey   Yo, señor...

David   Alzad del suelo,
               no temas. Terrible Joab,   3210
               muchas victorias te debo;
               no te puedo ser ingrato,
               mientras viva te lo ofrezco.
               Tú(A Semey) maldiciones y piedras
               contra mí animaste fiero;   3215
               palabra de no vengarme

en mi vida te di, es cierto,
y aunque tú arrojando lanzas
y tú piedras esparciendo,
los dos me habéis ofendido,   3220
yo os perdono... no me vengo.
Salomón, lo que has de hacer
te dirá mi testamento...
Y agora, no alegres salvas,
roncos, si, tristes acentos   3225
esta victoria publiquen,
a Jerusalén volviendo
más que vencedor, vencido.
Teiéndo aquí fin con ésto.
Los cabellos de Absalón: 3230
perdonad sus muchos yerros.

Fin de la comedia

Libros a la carta

A la carta es un servicio especializado para
empresas,
librerías,
bibliotecas,
editoriales
y centros de enseñanza;
y permite confeccionar libros que, por su formato y concepción, sirven a los propósitos más específicos de estas instituciones.

Las empresas nos encargan ediciones personalizadas para marketing editorial o para regalos institucionales. Y los interesados solicitan, a título personal, ediciones antiguas, o no disponibles en el mercado; y las acompañan con notas y comentarios críticos.

Las ediciones tienen como apoyo un libro de estilo con todo tipo de referencias sobre los criterios de tratamiento tipográfico aplicados a nuestros libros que puede ser consultado en Linkgua-ediciones.com.

Linkgua edita por encargo diferentes versiones de una misma obra con distintos tratamientos ortotipográficos (actualizaciones de carácter divulgativo de un clásico, o versiones estrictamente fieles a la edición original de referencia).

Este servicio de ediciones a la carta le permitirá, si usted se dedica a la enseñanza, tener una forma de hacer pública su interpretación de un texto y, sobre una versión digitalizada «base», usted podrá introducir interpretaciones del texto fuente. Es un tópico que los profesores denuncien en clase los desmanes de una edición, o vayan comentando errores de interpretación de un texto y esta es una solución útil a esa necesidad del mundo académico.

Asimismo publicamos de manera sistemática, en un mismo catálogo, tesis doctorales y actas de congresos académicos, que son distribuidas a través de nuestra Web.

El servicio de «libros a la carta» funciona de dos formas.

1. Tenemos un fondo de libros digitalizados que usted puede personalizar en tiradas de al menos cinco ejemplares. Estas personalizaciones pueden ser de todo tipo: añadir notas de clase para uso de un grupo de estudiantes, introducir logos corporativos para uso con fines de marketing empresarial, etc. etc.

2. Buscamos libros descatalogados de otras editoriales y los reeditamos en tiradas cortas a petición de un cliente.